Bibliothèque des Oracles
Le Tarot de Marseille

Bibliothèque des Oracles

Le Pendule
Oracle pratique
par Ingrid Kraaz v. Rohr / Susanne Peymann
ISBN 978-2-8132-0510-0

Les Runes
Oracle divinatoire
par Edred Thorsson
ISBN 978-2-8132-0559-9

Les Cartes des Anges
Cartes Oracle
par Pia Schneider / Ruth Kendell
ISBN 978-2-8132-0560-5

Les Tarot Lenormand
Oracle divinatoire
par Katrin Rosalie Giza / Susanne Schöfer
ISBN 978-2-8132-0522-3

Rachel Pollack

Tarot

Oracle · Conseil · Aide

Textes choisis et édités par
Ulrich Magin et Johannes Fiebig

Guy **Trédaniel** éditeur
19, rue Saint-Séverin
75005 Paris

Titre original : Tarot

Imprimé en Union européenne

ISBN : 978-2-8132-0701-2

www.editions-tredaniel.com
info@guytredaniel.fr

Table des Matières

T
A
R
O

Préface

Pendant toutes ces années au cours desquelles je travaillai sur les tarots, on me demanda parfois comment j'avais découvert ces lames. En réalité, j'appris tellement par ces lames – sur la Kabbale, l'histoire de l'occultisme, la psychologie, la sagesse antique et moderne – que j'ai plutôt l'impression que ce sont les lames qui m'ont découverte. C'est-à-dire qu'elle se sont peut-être dévoilées à moi.

Au début des années 1970, j'enseignais la littérature anglaise dans une université du nord de l'État de New York, il y faisait très froid. Un jour, une collègue me proposa de me tirer les cartes de tarots, à condition que je l'emmène en voiture avec moi. Cela me sembla amusant. Je ne me souviens pas de ce dont nous parlâmes, ni quelles cartes furent tirées, mais je me rappelle bien avoir été fascinée par les lames et les livres que mon amie consultaient. C'est alors que je voulus à mon tour absolument obtenir ces lames. Après avoir fait des recherches à New York et à Montréal, j'acquis les lames et le livre de tarot identiques. C'était bien avant l'utilisation de l'Internet, et donc bien avant l'intérêt récent que suscitent les tarots, et qui connaissent aujourd'hui une grande popularité.

Le livre que mon amie utilisait s'intitulait *Mastering The Tarot,* écrit par une femme nommée Eden Gray. (Éden gris, un nom étonnant !) Le livre semblait très simple à utiliser : une image et un texte succinct pour chaque lame ainsi qu'une explication détaillée des significations. Eden Gray maîtrisait très bien son sujet avec toutes ses merveilles dissimulées, et son livre en contenait, tout comme les lames, beaucoup plus qu'apparemment au premier abord. Au début de ce siècle, j'eus la grande chance de rencontrer Eden Gray. Alors âgée de quatre-vingt-seize ans, elle était à Chicago l'invitée d'honneur d'une grande conférence sur le tarot. Dès qu'elle fut présentée, toute l'assemblée se leva pour l'ovationner. Eden Gray est en fait la véritable mère du tarot moderne.

À Chicago, au début des années 1960, elle nous raconta que, dans sa propre librairie ésotérique de New York, on lui demanda plusieurs fois si elle vendait un livre d'introduction au tarot. Comme ce genre de livre n'existait pas encore, elle en écrivit un elle-même. Il y a quelques années, je préparais un cours sur le tarot et je décidai d'analyser l'histoire de la signification de chaque lame. Un auteur, Paul Hudson, avait déjà dressé une liste des anciennes significations, et il me semblait important d'expliquer comment la conception de chaque lame avait évolué au fil du temps. Je remarquai alors quelque chose d'étrange : quelques significations modernes qui sont connues par tous ceux qui tirent les lames de tarot n'apparaissent pas dans les vieux écrits, même pas chez A.E. Waite dans le jeu Rider que nous utilisons tous (je fournirai plus de détails ultérieurement). D'où provenaient donc ces significations ? Probablement d'Eden Gray. Elle fut également la première à comparer les tarots au « voyage du fou ».

J'évoque tout cela parce que j'espère que ce livre fera revivre la tradition d'Eden Gray : un livre court et direct fondé sur de profondes connaissances et la conscience. Un livre qui ouvre l'une ou l'autre des portes des trésors de sagesse et de mystère, infinis et magnifiques, qu'offre le tarot.

Lorsque Eden Gray écrivit son livre, et même au moment où je commençai à écrire et à enseigner sur le tarot, nous croyions, nous, spécialistes des tarots, encore à certaines idées reçues sur les lames. Entretemps, des recherches scientifiques ont prouvé que celles-ci étaient fausses. Par exemple, beaucoup pensaient que les cartes à jouer ordinaires étaient issues des tarots et en représentaient une version simplifiée sans les lames aux images très symboliques que nous appelons aujourd'hui le grand arcane. En réalité, les cartes à jouer viennent du nord de l'Afrique et ont été introduites en Europe par les croisés (et non pas par les Tziganes) vers la fin du XIVe siècle. En fait, les premiers jeux de tarots apparaissent plus tard – environ quarante à cinquante ans –, vers 1430 dans le nord de l'Italie, à Ferrare ou à Milan. Jusqu'à ce jour, les jeux italiens sont les plus beaux et les plus élégants. Mais qu'est-ce qu'un jeu de tarot divinatoire ? Pour simplifier, c'est un jeu composé de soixante-dix-huit cartes réparties en deux parties, les arcanes majeurs – du latin *arcana* qui signifie secrets – et les arcanes mineurs avec leurs quatre couleurs. Le nom des couleurs varie selon les jeux et ils sont généralement nommés bâtons, coupes, épées et deniers. Les arcanes majeurs sont également nommés les atouts ou les triomphes (en allemand *Trumpf* et *trionfi* en latin). Chacune d'entre elles porte un nom et sont numérotées de la carte 0, Le Fou, à la carte 21, Le Monde. Chaque couleur est répartie de la même façon et comprend les cartes de l'as au 10, auxquelles s'ajoutent quatre cartes de la cour : le valet, le cavalier, la reine et le roi. Des historiens modernes présument, à juste titre, que les arcanes majeurs avec leurs images et leurs titres pleins d'associations, comme L'Impératrice ou Le Diable, ne symbolisaient pas à l'origine des enseignements occultes ou magiques, mais qu'ils reflètent simplement la spiritualité de leur époque, le début de la Renaissance. Puis, en 1781, quelque chose de remarquable se produisit : deux francs-maçons français, savants occultes, Antoine Court de Gébelin et comte de Mellet, publièrent des textes sur le tarot dans le huitième volume de l'histoire complète des idées occultes de Court de Gébelin, *Le Monde primitif*. Ensemble, ils exposaient un système d'idées et de symboles selon lequel le tarot serait fondé sur le savoir égyptien et sur les vingt-deux lettres de l'alphabet hébraïque, auquel on attribue depuis longtemps des significations mystiques. Au XIXe siècle, ces idées continuèrent de se développer et elles ont été rassemblées dans un ouvrage complet qui comprend une synthèse détaillée des tarots, des lettres hébraïques, du mysticisme chrétien, des dieux païens, de l'astrologie et des rituels écrit par les membres d'une société secrète anglaise d'occultistes, Hermetic Order of the Golden Dawn (l'Ordre hermétique de l'Aube dorée). Pour les membres de la Golden Dawn, les tarots représentaient non seulement un trésor inestimable de tous les savoirs, qu'ils soient divins ou humains, mais aussi la voie qui conduisait vers un niveau de l'être plus élevé. La Golden Dawn d'origine n'exista que pendant quinze ans, mais son influence perdure jusqu'à ce jour et n'a jamais été aussi forte. Il est inutile de posséder cet ouvrage pour comprendre les tarots, car il est présent d'une certaine façon lorsque nous tirons les cartes. En effet, la consultation des lames revient en quelque sorte à nous servir d'une grande tradition mystique et à l'appliquer dans notre vie.

L'occultiste Arthur Edward Waite était l'un des membres de la société Golden Dawn, et même l'un de ses responsables. Dans les dix premières années du XXᵉ siècle, Waite décida de créer un tarot « corrigé », comme il le nommait lui-même, et qui incarnerait la sagesse symbolique de la Golden Dawn ainsi que ses propres idées et ses conceptions. Pour le réaliser, il engagea un autre membre de la Golden Dawn, la peintre et dessinatrice Pamela Colman Smith, surnommée Pixie par ses amis. (Voici une drôle de coïncidence de mon histoire avec le tarot : Waite et Smith sont tous les deux nés à Brooklyn, New York, tout comme moi.) C'est le jeu qu'ils ont créé, connu sous le nom de Rider-Waite ou RWS Tarot Rider, en référence à l'édition d'origine Rider-Tarot, qui est utilisé dans ce livre. Il est le jeu de tarot le plus prisé, un succès auquel Waite et Pixie ne s'attendaient pas. Ce tarot tient son succès des personnages et des scènes qui sont illustrés sur les arcanes mineurs numérotés. Dans les jeux anciens, ces lames correspondent aux cartes à jouer ordinaires. Ainsi, sur la lame Quatre des Épées, quatre épées sont représentées devant un arrière-plan blanc, sur celle des Sept des Coupes, sept coupes et ainsi de suite. Dans le tarot Ride, nous voyons des personnages qui sont en action, qui reflètent un bout d'histoire de leur vie, telle une photographie. Le résultat est un kaléidoscope d'expériences de la vie. Tandis que les arcanes majeurs représentent des grands principes, les arcanes mineurs illustrent de façon plus terre à terre, les défis, les victoires, les joies et les peines.

Comme le jeu de tarot doit être mélangé pour que nous puissions le redécouvrir sous de nouveaux aspects chaque fois que nous le tirons et parce que les significations de chaque lame ne deviennent parlantes que sous forme de réponse à une question posée lors d'une consultation, le tarot, et ce que nous pouvons apprendre par son intermédiaire, représente une source de révélations intarissable. La signification de L'Amoureux semble très claire si elle répond à la question : « Que m'apporte cette relation ? » (Bonnes nouvelles !) Supposons qu'elle apparaisse dans un tirage pour répondre à la question : « Comment dois-je me comporter lors d'une réunion avec mon responsable ? » (Dans ce cas, elle vous invite à ne pas flirter avec votre chef.) Dans ce livre, nous souhaitons vous initier aux lames à l'aide des explications du symbolisme et de la signification de chacune d'elle. Toutefois, c'est en le pratiquant que le tarot s'apprend. Certaines personnes pensent qu'il est impossible d'interpréter les lames si l'on a pas lu et étudié entièrement le livre, et même appris par cœur les significations de toutes les soixante-dix-huit lames, à l'endroit comme renversées. D'autres cependant sont d'avis qu'en aucun cas on ne doit lire les explications dans un livre avant d'avoir exploré soi-même les cartes avec sa propre intuition et sa sensibilité. Prenez le chemin qui est pour vous le mieux adapté. Je procédais moi-même de la façon suivante : j'avais le jeu et le livre d'Eden Gray. Je lisais les introductions aux méthodes de tirage et aux significations des lames. J'écrivais dans un carnet la signification générale de chaque lame, je réfléchissais sur la lame et je vérifiais son interprétation dans le livre. Au lieu de lire et d'apprendre leurs significations à l'avance, je les apprenais directement en pratiquant. Cependant, je n'avais aucun problème à aller au-delà des descriptions proposées par le livre si telle était mon intuition. Je pris cette liberté pour deux raisons : la première est que les descriptions étaient d'ordre général et qu'elles devaient être adaptées à chaque situation. La deuxième est qu'un seul regard sur les lames suffisait pour savoir qu'elles comprenaient tout un univers de sagesse qui dépassait de loin ce qu'un seul livre pouvait bien comporter. Si vous souhaitez lire ce livre avant de tirer les lames, vous pouvez alors procédez de cette façon. En revanche, si vous choisissez de trouver votre propre chemin à travers les images sans lire plus loin que la préface, faites-le. Et si vous souhaitez tirer les cartes immédiatement, avec le jeu dans une main et le livre dans l'autre, alors c'est aussi possible.

Chaque partie sur les arcanes majeurs contient une description des lames et de leur symbolisme, quelques significations pour la lame à l'endroit ou renversée (renversée signifie simplement que la tête du personnage sur la lame est à l'envers) ainsi qu'une méthode de tirage inspirée pour chaque lame. Je créai ce schéma à l'origine pour mon cours annuel « Becoming a reader » (Devenir un interprète de tarots). Chaque lame des arcanes majeurs représente une vision propre et, si nous procédons à leur lecture, nous devenons alors nous-mêmes Magicien, Impératrice, ou Fou. Nous demandons à ce que la magie, la passion ou la folie entrent dans notre vie.

Je nomme certains schémas « tirages de la sagesse ». Cette idée m'est venue il y a quelques années. Je remarquai que l'on posait habituellement des questions sur soi-même et sur ses propres problèmes. Mais les tarots sont un véritable trésor de sagesse. Alors pourquoi ne pas poser des questions beaucoup plus importantes comme « Qu'est-ce que l'âme ? » ou « Que se passe-t-il après la mort ? » Lorsque nous consultons les tarots à titre personnel, les lames nous offrent la possibilité étonnante de pouvoir dévoiler des secrets ou de répondre clairement et de façon très directe à des questions. Avec le tirage de la sagesse, c'est la porte de notre vie que nous ouvrons.

Depuis plus de quarante ans, je travaille avec les tarots, je les étudie, j'y réfléchis, je les ai analysés et manipulés. Après toutes ces années, je peux affirmer que les tarots sont inépuisables. Ils grandissent et évoluent comme nous grandissons et évoluons. Laissez les tarots vous découvrir afin que vous puissiez vous retrouver dans les lames.

Janvier 2011, Rachel Pollack

Tirer les lames de Tarot

Conseils et expériences

Il est en fait très simple d'interpréter les lames de tarots. Vous choisissez un sujet et une question, vous mélangez les lames et vous les tirez. Il convient traditionnellement de tirer une carte par question et d'observer ce qu'elle nous « dit ». L'astuce consiste à comprendre son message. Quelquefois, on me demande si des règles particulières sont à respecter pour le mélange et la manipulation des cartes comme où s'asseoir et que dire. Il existe effectivement beaucoup de « règles », mais faut-il vraiment les suivre ? Un grand nombre d'adeptes des tarots en ont dressé une liste. Selon mon expérience, chacun est libre de développer sa propre méthode selon les thèmes qui sont importants pour lui et en fonction de ce qui l'aide à accéder dans l'univers de la « compréhension ». Voici quelques-unes de ces règles :

1. Enveloppez vos lames dans un foulard de soie ou conservez-le dans une boîte de bois ou en argent.

Il paraît que les lames sont alors protégées contre les influences négatives et les « vibrations » étrangères. Je n'ai jamais vraiment bien compris ce que ce terme signifiait exactement dans le contexte spirituel, mais certains trouvent que c'est important. En tant que débutante, je conservais mes lames enveloppées dans des foulards de couleur.

Comme tous les adeptes des tarots, je collectionne les jeux de tarot et, après un certain temps, je ne sais plus quel jeu correspond à un foulard donné. Aujourd'hui, pour mon bon plaisir, lorsqu'un jeu de tarot me plaît particulièrement, j'utilise en général un joli petit sac ou une boîte et je m'en sers régulièrement.

La « magie » du tarot réside dans ses images et dans notre intérieur et non dans les cartons imprimés. Au cas où vous souhaiteriez vous procurer une petite boîte de bois, vous pouvez en trouver de très belles et inodores pour un petit budget dans les bureaux de tabac.

2. Vous êtes la seule personne à manipuler les lames.

Cela protège les lames contre les vibrations extérieures. Je n'en ai jamais vu la nécessité. Je pense au contraire qu'il est important que le consultant, le sujet central de la consultation, mélange lui-même les lames. C'est bien du consultant dont il s'agit et non de la personne qui interprète les lames. Cependant, si vous préférez que personne ne manipule vos lames personnelles, vous pouvez, après les avoir mélangées, les étaler sur la table et demander au consultant de vous les désigner l'une après l'autre jusqu'au nombre indiqué par le tirage choisi.

3. N'achetez pas un jeu de tarot – quelqu'un doit vous l'offrir ou vous devez le voler !

J'ai entendu parler de cet étrange conseil il y a quelques années, lorsque Barbara Moore, la spécialiste du tarot des éditions Llewellyn, avait tenu une conférence sur les tarots, mais du point de vue de l'éditeur. Elle expliquait que le format de certaines cartes étant petit, celles-ci étaient faciles à voler. On pensait alors que le vol était un acte nécessaire et, depuis, j'ai entendu d'autres personnes dire la même chose. C'est absolument faux. Si vous possédez un jeu qui a été volé, votre capacité à utiliser le jeu de tarot sera réduite. Si vous pensez vraiment que vous ne devez pas acheter votre jeu, allez dans une boutique ésotérique avec une amie, choisissez un tarot qui vous plaît et donnez l'argent à votre amie pour qu'elle l'achète pour vous.

4. Asseyez-vous toujours en face du consultant.

J'ai trouvé cette règle absolue dans un livre sur le tarot avec des interprétations féministes. À mon avis, vous pouvez vous asseoir comme vous le souhaitez et de la manière la plus confortable qu'il soit. Personnellement, j'aime m'asseoir en diagonale par rapport au consultant pour que nous puissions voir les lames étalées sur la table de la même perspective.

5. Soit que vous considérez toujours les cartes renversées, soit que vous ne les utilisez jamais.

Naturellement, il peut arriver qu'en mélangeant les cartes, certaines d'entre elles se retournent. On obtient alors des lames renversées. Lorsque j'ai commencé à interpréter les cartes, j'attachais toujours une attention particulière aux lames renversées comme il était indiqué dans certains livres sur les tarots. Comme beaucoup d'aspects de la tradition des tarots, ce conseil vient d'Etteila, un occultiste et voyant français du XVIIIe siècle. Pendant toutes les années où j'ai enseigné et écrit sur les tarots, j'ai travaillé avec les cartes renversées puisque cela fait partie de la tradition. Toutefois, certains voyants ne les utilisent jamais et, moi-même, je ne les utilise pas toujours. Si je donne au consultant les lames à l'endroit et qu'il les retourne en les mélangeant, je prends alors en compte la signification des lames renversées dans mon interprétation.

6. Il existe une façon correcte de mélanger les lames.

Certaines personnes suivent strictement les règles et insistent sur le fait qu'il n'existe qu'une seule façon correcte de mélanger les cartes. Comme toujours, il faut choisir ce qui vous convient le mieux. La seule règle que j'approuve est celle qui consiste à mélanger les lames, face cachée, pour ne pas savoir quelle lame vous tirez. Si vous souhaitez utiliser les lames renversées, vous pouvez mélanger les cartes selon la méthode « la salade». Pour cela, étalez les lames face cachée sur la table et mélangez-les avec les deux mains dans tous les sens et faites ensuite un paquet. J'ai vu récemment à la télévision que, dans les casinos, les donneurs mélangeaient les cartes de cette façon pour le poker.

7. Il y a une façon correcte de retourner les cartes.

Il convient ici également de faire comme bon vous semble. Les voyants veillent cependant à retourner chaque lame de la même façon.

8. Étalez les cartes sur un tissu plutôt que directement sur la table.

J'approuve cette « règle ». Je trouve que le tirage a un caractère particulier si vous étalez d'abord un joli tissu sur la table. J'allume également quelquefois une bougie et pose une statuette de la déesse Perséphone. Il y a eu d'autres périodes où je n'ai rien fait de tout cela et obtenu des résultats tout aussi bons.

9. Vous devez connaître par cœur toutes les significations des lames avant de pouvoir commencer la consultation.

Si cela était vrai, je ne serais jamais devenue interprète de tarots. J'ai toujours commencé par interpréter directement les lames. Dans une main, je tiens les lames et dans l'autre, le livre de tarot. Certaines de ces interprétations font partie des plus profondes que je n'ai jamais faites. Apprendre par cœur les significations peut même avoir l'inconvénient de faire une fixation sur une lame pour l'interpréter. Si vous apprenez en pratiquant les tirages, vos pensées se développeront quant à la signification de chaque lame. Certaines des interprétations les plus utiles se sont créées pendant le procédé d'interprétation des lames. J'appelle cela une « accumulation » lorsque je découvre une signification dans une situation particulière et que je peux l'appliquer à d'autres tirages.

10. Ne consultez pas les cartes par vous-même.

C'est une croyance générale et, en effet, cela peut être difficile, particulièrement si vous consultez les cartes sur un sujet très sensible. Vous courez le risque de vous fixer sur des lames qui sont soit trop pourvues d'espoir, soit trop effrayantes et d'exagérer ainsi l'interprétation. D'un autre côté, certaines personnes n'interprètent les cartes que pour elles-mêmes. Cette règle n'existe donc pas, que ce soit sur le plan spirituel, karmique ou autre. Consulter chaque jour les lames et effectuer des tirages rapides est une bonne méthode pour apprendre à connaître les lames. Même si une lame indique quelque chose de néfaste, elle sera remplacée par une autre lame le lendemain. Si vous n'avez pas encore confiance en vous pour interpréter, n'hésitez pas à échanger vos idées avec des personnes qui s'intéressent également au tarot.

11. Ne posez pas de questions sur une personne absente et sans son accord.

Je respecte cette règle en grande partie, mais pas totalement comme certains de mes collègues de tarot. Si quelqu'un me consulte et me demande par exemple : « Il y a un homme au bureau qui m'attire vraiment, mais je l'ai vu s'entretenir avec une femme de la comptabilité. J'aimerais bien savoir ce qu'il pense de cette femme », je lui dis alors qu'il m'est impossible d'y répondre. Les conseillers ont deux problèmes avec ce genre de questions. Le premier est que c'est contraire à l'éthique et que cela ressemble à de l'espionnage, le deuxième problème est que si l'homme n'est pas présent pour mélanger les cartes et qu'il n'a pas demandé à ce que cette femme tire les tarots pour lui, il est fort probable que cela ne fonctionne pas. Un jour, une femme prit rendez-vous avec moi par téléphone et me dit qu'elle voulait avoir une information concernant sa fille. Je lui répondis que c'était impossible sans l'accord de sa fille. Elle répliqua qu'il n'y avait pas de problème, sa fille serait certainement ravie. Mais lorsqu'elle arriva au rendez-vous, elle me dit que sa fille avait refusé. Parfois cependant, j'accepte de tirer les cartes pour une autre personne si celle qui me consulte a besoin de ces informations pour prendre une décision dans sa vie. Une femme me demanda si son mari quitterait son amie pour revenir avec elle. Il l'avait quittée deux ans auparavant et elle était encore incapable de faire des projets dans sa vie. Les lames indiquaient qu'il ne reviendrait pas, mais que si elle l'acceptait, elle pourrait de nouveau refaire sa vie. Je la rencontrai un an plus tard, elle avait trouvé un nouveau travail, de nouveaux amis, et s'était reconstruite une nouvelle vie.

12. Il faut être clairvoyant pour interpréter les cartes.

Voilà un grand sujet, n'est-ce pas ? Beaucoup confondent les conseillers de tarot avec les voyants. J'informe donc toujours les personnes intéressées par une consultation de tarot que je ne fais pas de prédictions. Il peut arriver pendant la consultation de prévoir quelque chose, mais ce n'est pas le sujet principal. Je me concentre plutôt sur des thèmes comme la connaissance de soi-même, la compréhension, les possibilités ainsi que les vérités spirituelles dans certaines situations de la vie. Les lames de tarot sont manifestement utilisées en tant qu'outil pour la clairvoyance, car les images peuvent susciter en nous des messages de ce genre. Ceux qui interprètent de cette façon ne se soucient jamais de la signification symbolique des lames, car une telle connaissance pourrait influencer leur perception extrasensorielle. D'un autre côté, une personne comme Johanna Garguilo-Sherman, la créatrice du Sacred Rose Tarot, est l'une des meilleures voyantes que je connaisse. (Le *New York Magazine* la comptait parmi les cinq meilleures voyantes de la ville.) Elle a été formée par la tradition de la Golden Dawn. Selon elle, ces deux aspects du tarot se complètent. Si vous souhaitez développer votre côté voyant et intuitif lors de tirages, entraînez-vous simplement en laissant les images vous inspirer et exprimez-le. Si vous avez en tête l'image d'une plage et un sentiment de tristesse, vous pouvez par exemple demander : « Étiez-vous à la plage il y a quelque temps ? S'est-il passé quelque chose ? » Dites à la personne que cette idée vient de vous passer par la tête et que vous ne savez pas encore ce qu'elle signifie. Il est important de ne pas tomber dans le piège de la précision. La consultation des tarots n'est pas un tour de magie ni un spectacle, et si vous avez peur de faire des erreurs, vous n'aurez plus rien à dire. Jouons par exemple avec l'idée que vous consultez les cartes pour des inconnus, de façon professionnelle ou à l'occasion d'une fête ou d'une réception de charité, et qu'un jeune homme, beau, musclé et barbu vous consulte ; pendant que vous tirez les cartes l'idée « il attend un enfant » vous passe par la tête. Que faire ? À votre place on pourrait s'étonner et refouler cette idée ou alors demander à cet homme s'il a une amie enceinte. Néanmoins, votre première réaction pourrait s'avérer exacte. Au moment où j'écris cela, un transsexuel qui a subi une opération fait parler de lui dans les journaux. En effet, il est né femme, mais après avoir pris de la testostérone, il a vécu comme un homme. Il attend un enfant et va bientôt accoucher. Il était invité dans le spectacle Oprah Winfrey Show et a fait la couverture du magazine *People*.

13. Le consultant ne doit pas vous révéler ses questions.

Je ne suis pas d'accord avec cette règle puisque je viens de décrire combien les questions pouvaient apporter de l'aide dans une consultation. Cette idée est née du fait que beaucoup confondent les consultations des tarots avec la magie. Le fait est que si le consultant ne dit pas ce qui le préoccupe et que vous faites un tirage général, ses thèmes apparaîtront quand même. Cependant, vous auriez pu atteindre un niveau de conscience plus élevé si vous n'aviez pas dû d'abord jouer aux devinettes. L'experte en tarots Gail Fairfield l'a exprimé ainsi : si vous allez chez le médecin et qu'il vous demande quels sont vos symptômes, vous ne répondez pas en lui disant que c'est à lui de vous le dire. Pourtant, certains interprètes préfèrent se laisser conduire par les cartes plutôt que par les questions des consultants.
Pour finir, voici une dernière question :

14. Comment fonctionne le tarot ?

La réponse est très simple : personne ne le sait. Il existe cependant plusieurs affirmations à ce sujet : l'inconscient ou le « moi supérieur » guident les mains pendant le mélange des cartes ; une force mystérieuse nommée « synchronisme », terme de Carl Gustav Jung et de Wolfgang Pauli qui signifie simplement « coïncidence » ou « hasard », influence les cartes qui en font ressortir un schéma sensé ; les dieux envoient des messages et le diable envoie les siens. Mais personne ne peut vraiment fournir d'explications. Certains critiques des tarots pensent que cela est sans importance ; d'autres, trop important. Je pense que comme les cartes et leurs significations apparaissent d'une manière fortuite, c'est notre esprit qui crée par leur intermédiaire un schéma ou un message. Cela ne me pose pas de problèmes. Comme je l'ai déjà mentionné, une consultation des tarots n'est pas un tour de magie ou un spectacle. Il n'est pas important de savoir d'où vient le message, mais de savoir si nous pouvons l'utiliser. Personnellement, mon expérience m'a montré que quelque chose d'autre, insaisissable, se passe pendant une consultation. Ce « quelque chose » donne forme aux tirages plus directement que par l'esprit et choisit également les cartes. Toutefois, cela n'est pas important dans la pratique.

Questions et Propos des Consultants

Pour consulter les cartes, on utilise en général un certain schéma de questions, nommé méthode de tirage. Pour cela, un nombre déterminé de cartes, d'une à toutes les cartes du jeu, est nécessaire. Certains tirages ont été conçus pour des thèmes particuliers, par exemple pour les relations, le développement spirituel ou le travail. Cependant, la plupart des tirages suivent un sens général et nous les adaptons à chaque situation. Si par exemple une femme souhaite savoir comment trouver son « âme sœur », l'une des questions les plus fréquentes au début du XXIe siècle, nous choisissons un tirage simple, constitué du passé, du présent et de l'avenir et nous adaptons alors sa question au tirage de la façon suivante :

Passé : Quelles expériences amoureuses du passé ont conduit à la situation actuelle ?
Présent : Que doit-elle regarder en elle pour que la voie vers l'âme sœur soit libre ? Quelles propositions amoureuses a-t-elle en ce moment ?
Futur : Que va-t-il probablement se passer si elle reste dans la même situation ?

Ces questions, et particulièrement la dernière, ouvrent le chemin vers d'autres thèmes. Si la carte indique un avenir pessimiste, elle peut être complétée par une autre question : Qu'est-ce qui peut changer en cette femme pour lui permettre d'avoir une relation satisfaisante ?

Parfois, nous devons aider les consultants à reformuler leurs questions. Le thème de l'âme sœur est souvent formulé de la façon suivante : « Quand vais-je rencontrer mon âme sœur ? » Cette question appelle deux conditions irréalistes : la première serait que le conseiller soit clairvoyant et qu'il donne la date exacte ainsi que le lieu de la rencontre. La deuxième condition serait que le consultant refuse de s'investir afin d'évoluer. Reformuler les questions, tel que je l'ai indiqué auparavant dans mon exemple, permet d'obtenir de meilleurs résultats.

Il existe une autre possibilité pour tirer les cartes : transformer les propos des consultants en questions. Par exemple, pendant une consultation, une femme raconte : « J'ai le sentiment de traîner dans ma vie. Je ne sais pas ce que je veux. J'aime mon travail, mais parfois j'aimerais le quitter et partir, pourquoi pas, en Italie. Mon mari est un homme bien et je crois qu'il m'aime. Mais je ne suis pas sûre de l'aimer encore. Notre fille vient de quitter la maison et je me sens renaître. Dois-je reprendre des études ? Peindre ? Avoir une aventure amoureuse ? Aller dans un monastère ? Je ne sais vraiment pas quoi faire. » Si cette femme me consultait, je lui ferais mélanger les cartes et je lui laisserais les tirer l'une après l'autre de la façon suivante :

1. ... le sentiment de traîner dans sa vie
2. ... ne sait pas ce qu'elle veut
3. ... aime son travail
4. Démissionner ?
5. Partir en Italie ?
6. Son mari, un homme bien ...
7. ... « pense » qu'il l'aime
8. Pas sûre de l'aimer
9. Enfant a quitté la maison
10. Renaître
11. Reprendre des études ?
12. Peindre ?
13. Aventure amoureuse ?
14. Monastère ?
15. Confusion ...

Exemple de Tirages

Le tirage est certainement la méthode la plus répandue pour interpréter les lames de tarot. Soit nous utilisons un tirage d'ordre général, soit un tirage spécialement conçu pour un thème particulier. Il en existe des centaines d'exemples et il en apparaît toujours des nouveaux. Nombreux sont les livres qui leur sont uniquement consacrés et qui avec des titres différents proposent des tirages particuliers pour par exemple « le travail » ou « les relations ».

Le tirage le plus simple s'effectue avec une seule carte et donc une seule question : « Qu'est-ce qui est important pour moi en ce moment ? » Beaucoup de personnes posent cette question quotidiennement afin de se familiariser avec les cartes. Comme je l'ai déjà indiqué, ce tirage qui peut être « mauvais » est affaibli, puisque quelle que soit la question posée, la réponse n'est valable que pour une journée. Il peut être utile de noter sur papier la lame tirée ou de ne pas la remettre dans le jeu de la journée pour la comparer, avant de se coucher, aux événements du jour.

Le Tirage de deux Lames

Deux lames peuvent créer un effet de reflet ou une polarité : une lame face à l'autre. Pour cette raison, ce tirage est souvent complété par une troisième lame afin de pouvoir effectuer une synthèse.

Mais il existe quelques tirages qui s'effectuent avec deux lames. Par exemple :

Moi	Toi
Option 1	Option 2
Activités passées	Résultats actuels

Le Tirage de trois Lames

Le chiffre trois inspire ce qui est naturel et constructif. Je pense que cela vient principalement du fait que nous venons tous des gênes mélangés d'une mère et d'un père. Certains tirages de trois lames sont des tirages de deux lames auxquels une lame a été ajoutée. Par exemple, « Activités passées/Résultats actuels » devient « Activités passées/Résultats actuels/Avenir probable ». Pour un tirage avec deux options, il suffit de déposer une carte au milieu des deux autres. Nous positionnons ainsi les cartes selon l'ordre 2,1,3 et non selon 1,2,3 comme tel :

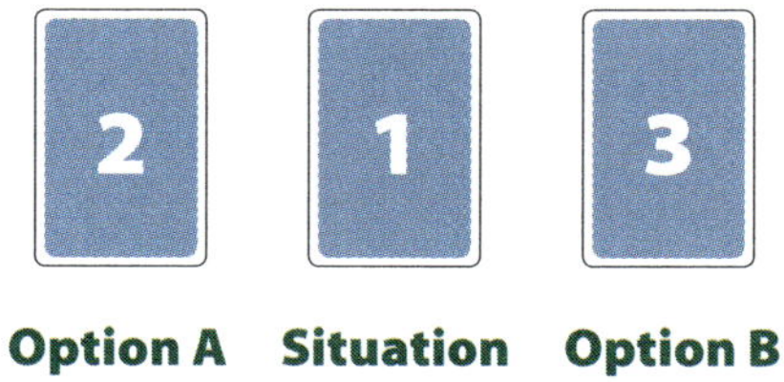

Voici un tirage très utile, basé sur le même schéma. Il a été conçu par l'experte en tarot Zoe Matoff. Je l'utilise en tant que tirage quotidien ou comme tirage standard :

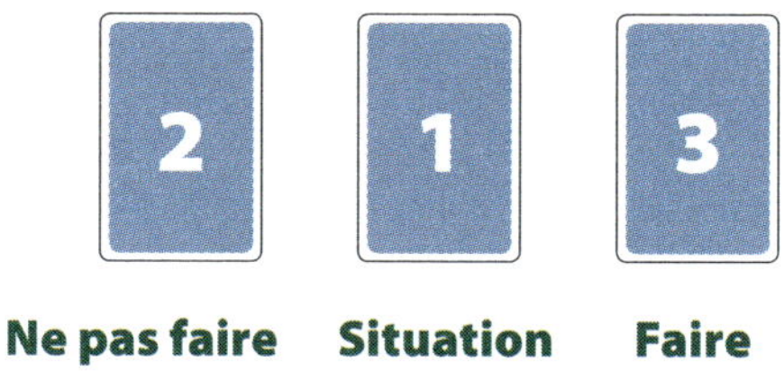

La lame **1** au milieu indique le thème central. La lame **2** à gauche montre la réaction à éviter. Beaucoup d'entre nous ont tendance à réagir dans certaines situations selon des schémas automatiques. Cette lame nous aide à comprendre ce qui maintenant ne fonctionne pas. La lame **3** à droite annonce en revanche ce qui aide maintenant.

Voici un tirage avec trois lames pour en savoir plus sur le thème des relations. Pour cette disposition, la dernière carte est positionnée au centre :

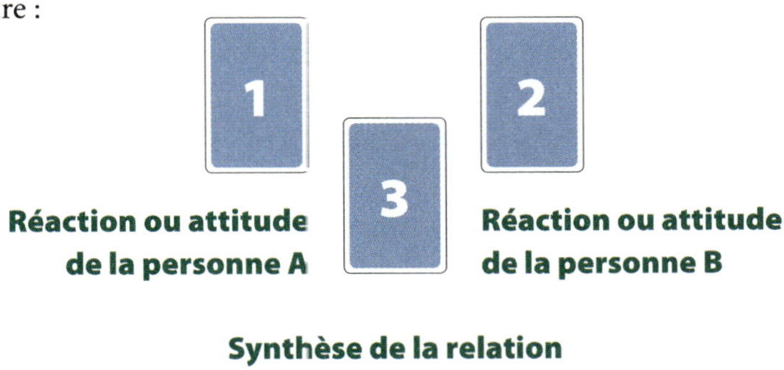

Tirages avec plus de trois Lames

À partir de trois cartes, les possibilités de tirages ne connaissent pas de limites. Si nous souhaitons tirer plus de soixante-dix-huit cartes, nous pouvons toujours rajouter plusieurs jeux de tarot. Encore une fois, il existe des livres qui ne proposent que des tirages et ces derniers sont disponibles également en grand nombre sur Internet. Pour cette raison, je m'en tiendrai seulement à la présentation de quelques-uns.

Certains tirages ont un thème comme base, d'autres une figure. Les astrologues disposent douze cartes en forme de cercle et chacune des cartes représente l'une des douze maisons de l'horoscope. Le tirage de l'année qui est effectué, soit le 1es janvier, soit un jour anniversaire, est similaire. Pour ce tirage, douze cartes sont étalées en forme de cercle dans le sens des aiguilles d'une montre.

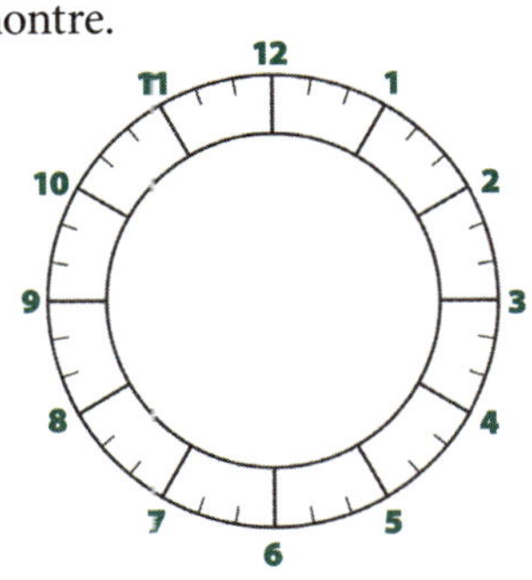

La lame **1** sur 1 heure représente le premier mois, la lame **2** sur 2 heures, le deuxième mois et ainsi de suite jusqu'à ce que les douze cartes soient positionnées sur les douze mois. Pour votre anniversaire, si vous êtes né par exemple le 9 juillet, la lame **1** sur 1 heure représente le mois de juillet, la deuxième lame sur 2 heures, le mois d'août, et ainsi de suite jusqu'à la dernière qui représente donc le mois de juin. En réalité, il ne s'agit pas d'un tirage avec plusieurs cartes, mais d'un tirage de douze fois une carte et dans la pratique chacune des cartes est en relation avec l'autre.

« La porte »

J'ai développé ce tirage à l'origine pour mon livre *Seeker : The Tarot Unveiled (Le Chercheur : le Tarot dévoilé).* Au lieu de nous occuper l'esprit avec des événements, ce tirage nous aide à mieux accéder à notre état actuel. Il nous montre les risques et les possibilités, mais nous laisse choisir nos prochaines démarches. Il est préférable de l'effectuer avec vos propres cartes, particulièrement si vous souhaitez vous consacrer à l'exploration de votre intérieur. Il peut également vous aider à prendre une décision.
Positionnez cinq cartes selon le schéma suivant :

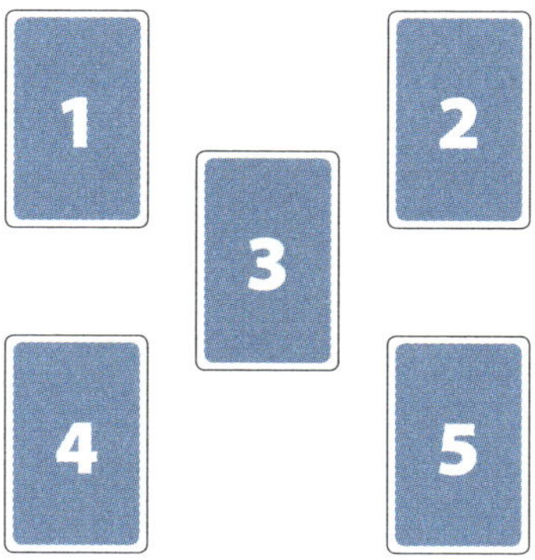

1. Qu'est-ce qui vous inspire ?
Qu'est-ce qui vous touche beaucoup ? Qu'est-ce qui vous oblige à faire quelque chose ?
Ou bien qu'est-ce vous trouvez excitant dans la vie ?

2. **Quels sont vos défis ?**
   Qu'est-ce que vous trouvez difficile ou qu'est-ce qui vous fait peur ? Qu'est-ce que vous évitez ?
3. **Quelle porte s'ouvre devant vous ?**
   Quelles sont les possibilités dans votre vie ?
   Qu'est-ce qui pourrait être nouveau ?
4. **Que souhaitez-vous risquer ?**
   Les possibilités comportent toujours des risques.
   Si par exemple vos enfants sont adultes et que vous pensez à refaire des études, vous pourriez alors risquer un changement dans votre vie de couple.
5. **Que pouvez-vous découvrir ?**
   Que pourrait-il se passer si vous passez la porte ? Cette lame est comme un cliché instantané de votre vie, de ce qu'elle pourrait être.

« Le corps »

Ce tirage a pour modèle le corps humain et est depuis plusieurs années l'un de mes préférés. Anita Jensen, une experte en tarot danoise, a développé ce tirage qui pose très peu de questions sur l'avenir mais beaucoup sur nous-mêmes. Pendant mes cours ou mes ateliers, je demande parfois à un volontaire de s'allonger au sol et je dépose les cartes directement sur son corps. En revanche, pendant mes consultations, je le fais uniquement de façon symbolique et je le propose rarement. Voici comment effectuer ce tirage. Essayez de visualiser les cartes sur votre corps lorsque vous observez chaque position et description.

1. **Sur le front :** ce que vous pensez, soit des pensées générales actuelles ou une situation particulière (le tirage pourrait concerner par exemple une relation).
2. **Sur la bouche :** ce que vous dites. Ce que nous disons aux autres ou à nous-mêmes. Cela peut être très différent de nos pensées intérieures.

3. **Sur le cœur** (je dépose la carte plutôt au milieu qu'à gauche) : ce que vous ressentez.
4. **Sur le plexus solaire :** ce que vous savez en votre for intérieur. Votre intuition.
5. **Sur les aines :** vos aspirations. Elles peuvent être irréalistes ou fortes ou vous n'osez même pas les espérer.
6. **Sur la main non dominante** (main gauche pour les droitiers, main droite pour les gauchers) : ce que vous « gardez », donc ce que vous ne partagez pas avec un partenaire ou avec le monde.
7. **Sur la main dominante** (main droite pour les droitiers, main gauche pour les gauchers) : ce que vous partagez.
8. **Sur le pied non dominant :** d'où vous venez. Les expériences passées qui ont contribué à la situation actuelle.
9. **Sur le pied dominant :** où vous allez. Résumé des autres cartes. La seule carte qui contient une sorte de « prédiction ».

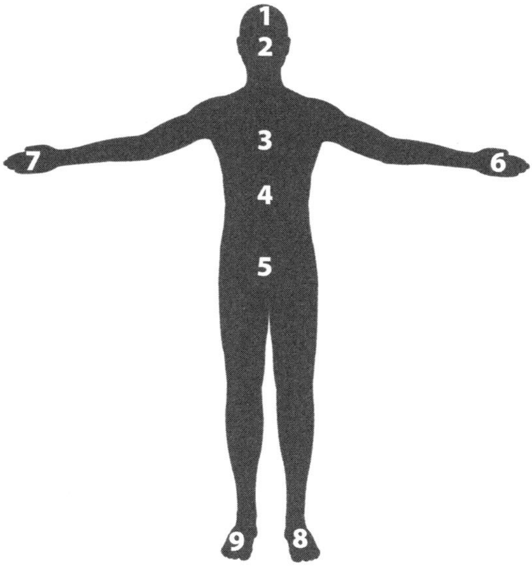

La Croix Celtique

La Croix Celtique est sans aucun doute le tirage de tarot le plus connu au monde, probablement parce qu'il a paru dans le livre de Waite sous le titre mystérieux de « vieille méthode de divination celte ». Il est presque toujours structuré de la même façon, et seul l'ordre des cartes varie selon les auteurs. Ma version vient de celle d'Eden Gray, une auteure de tarot dans les années 1960. Comme cette méthode est très connue, je me contente d'en présenter les plus grandes caractéristiques. Pour des détails sur les versions et les interprétations, vous trouverez des informations supplémentaires sur Internet.

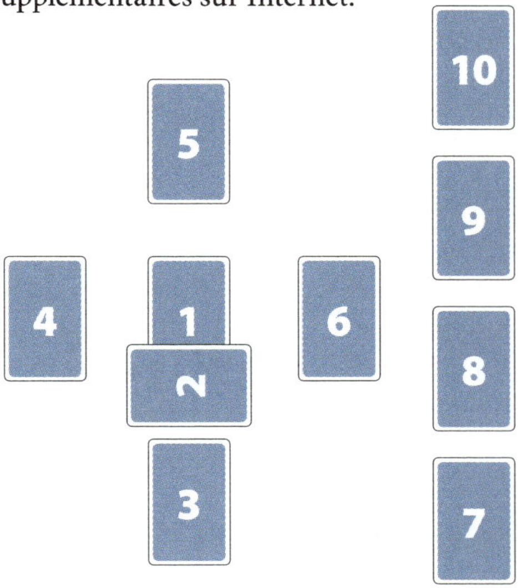

La carte 1 est au centre de la croix. Elle décrit le thème général ou la situation. Nous l'appelons parfois la « carte couverte ».

La carte 2 se place à l'horizontale sur la carte 1. Selon la tradition, elle est considérée comme la carte d'opposition, une force qui est dirigée contre la première. En fait, la deuxième carte n'est pas toujours opposée à la première. Ces deux cartes peuvent s'allier. Elles forment ensemble la « petite croix ».

La carte 3 est située en dessous des deux premières cartes et représente « les racines » du thème. Elle indique habituellement une expérience passée qui influence le présent.

La carte 4 se trouve à gauche de la petite croix et indique également le passé, mais le passé le plus récent sans racines profondes ou sans importance dans sa durée.

La carte 5 est placée au-dessus de la petite croix. On attribue plusieurs significations à cette position. Elle symbolise pour moi les « possibilités » et indique la direction d'un développement général. Si la carte 10, « le résultat », diffère de façon importante de cette position, les autres cartes indiquent pourquoi.

La carte 6 annonce le « futur proche ». Que va-t-il se passer prochainement par rapport au thème ? Il est important de savoir que cette carte montre un état de courte durée.

Les quatre cartes sur le côté droit, « le bâton », sont lues du bas vers le haut.

La carte 7 reflète le « moi ». Comment avez-vous contribué à l'ensemble de cette situation ?

La carte 8 montre « les autres ». Quelle est l'influence des autres ? Cette carte indique l'influence d'une autre personne ou de l'entourage en général. Pour des questions qui concernent la carrière professionnelle, j'ai tendance à considérer cette carte comme la situation financière, les perspectives dans le travail, les influences extérieures.

La carte 9 indique les « craintes et les espoirs ». Souvent, c'est la même chose. Nous craignons ce que nous espérons et l'inverse. Il est important de rappeler que cette carte montre votre attitude et non les événements réels.

La carte 10 annonce le « résultat ». Cette dernière carte représente davantage le résultat de toutes les influences précédentes plutôt qu'une prévision. Elle montre la direction que prennent les événements annoncés par les autres cartes. Le « résultat » ne prédit pas un événement incontournable, mais annonce simplement : « C'est par là qu'il faut aller ! » Grâce aux informations données par les autres cartes et à l'aide de notre intuition, nous pouvons changer quelque chose d'indésirable ou donner un élan à ce que nous souhaitons.

Les soixante-dix-huit Lames de Tarot

Les vingt-deux Arcanes Majeurs

Les cinquante-six Arcanes Mineurs

0 –
Le Fou

***Si nous nous** identifions au Fou et si les cartes permettent d'éveiller en nous un peu de sa spontanéité, nous pouvons nous aussi agir à bon escient. Le tarot est bien plus qu'une doctrine intellectuelle ou spirituelle : composé d'images et de symboles, il peut influencer de manière puissante et contourner les voies habituelles de nos pensées et de nos comportements.*

Signification de la lame

Que signifie alors Le Fou dans ce contexte lorsqu'il apparaît dans un tirage ? Ses significations premières sont la spontanéité, la liberté et la capacité à agir selon son instinct et non selon un plan bien préparé à l'avance. Lorsque Le Fou visite notre tirage, il peut nous inviter à oser passer à l'action. Si le tirage concerne les sentiments, il peut nous inviter à prendre des risques et à suivre la voie de notre cœur. Sur le plan professionnel, il peut nous inciter à quitter un travail que nous n'aimons pas ou à entreprendre un nouveau projet.

Il y a pourtant anguille sous roche. Le Fou nous oblige en fait à agir spontanément et à prendre des risques. Mais faut-il suivre son conseil ? Pour le savoir, il convient d'observer la position qu'occupe cette lame dans un tirage ainsi que le message des autres lames. Si ces dernières appellent à la prudence, c'est que le moment n'est pas forcément favorable pour se comporter comme Le Fou. Si Le Fou est la lame qui répond à la question : « Qu'est-ce qui serait maintenant une mauvaise démarche ? », il nous indique alors ce que nous devons éviter et non ce que nous devons faire.

Si Le Fou ne semble pas concerner quelque chose de particulier, il vous montre simplement peut-être une attitude à adopter. Le Fou est curieux, enjoué, impétueux et sans retenue. Il peut être enfantin et immature. La lame peut apparaître dans un tirage pour décrire une autre personne que vous. Si vous souhaitez des informations sur une nouvelle relation et que Le Fou représente le futur partenaire, celui-ci est alors charmant, indépendant d'esprit, souvent très aimable, mais pas toujours fiable. Le Fou n'est pas malintentionné, cependant il n'aime pas faire des projets. Si vous recherchez une relation fondée sur des engagements, Le Fou est alors un mauvais choix.

Renversé, Le Fou signifie avant tout « prudence » : le moment n'est pas favorable pour se lancer dans un grand projet. Cette signification est renforcée dans le cas où les lames de La Tempérance et de L'Empereur apparaîtraient à l'endroit dans le tirage.

Renversé, il peut indiquer parfois que nous avons perdu le contact avec notre instinct. Vous vous interrogez peut-être de trop et vous évitez de prendre des risques. Comment choisir l'interprétation la mieux adaptée à votre situation ? Vous observez d'abord les cartes qui entourent Le Fou et vous recherchez le positionnement où il apparaît renversé. Mais cette analyse n'est pas la seule possibilité. Vous devez aussi permettre à votre intuition de vous guider vers les significations les plus adaptées.

Chaque tirage contient Le Fou, quand bien même il n'apparaît pas. En effet, le seul fait de mélanger un jeu de tarot et de poser des questions sur la vie ne revient-il pas déjà à se comporter à la manière d'un fou ?

Le tirage du Fou

Vous souhaitez en savoir plus sur votre propre expérience en tant que Fou ? Voici un tirage basé sur Le Fou. Comme toujours, mélangez tout le jeu et observez les cartes que vous avez tirées. Les questions suivantes concernent tout ce qui a trait au Fou.

1. De quelle façon ai-je été un Fou dans ma vie ?
2. Comment cela m'a-t-il aidé ?
3. Comment cela m'a-t-il blessé ?
4. Dans quel domaine de ma vie dois-je être plus fou ?
5. Dans quel domaine Le Fou ne m'aide-t-il pas ?
6. Où trouver Le Fou à l'extérieur de moi ?
7. Quels sont les présents qu'il m'apporte ?

I – Le Magicien

Beaucoup affirment *que l'on fait du bon travail tant que l'on n'a pas l'impression de travailler. Une force particulière nous traverse, nous devenons un canal. Nos vies, dont le sens nous paraît si souvent banal, sont une partie organisée du cosmos. C'est l'une des raisons pour lesquelles nous effectuons des tirages : non seulement nous cherchons à être guidés et à nous connaître nous-mêmes, mais aussi à voir que l'univers n'est pas une œuvre à part. Tout est lié.*

Signification de la lame

En principe, Le Magicien signifie dans un tirage : la conscience, la volonté et le pouvoir de transformation ou de création. Il indique que la magie est présente dans notre vie sous n'importe quelle forme ou que nous pouvons provoquer un changement par magie. Lorsqu'il apparaît dans le tirage de la Croix Celtique sur une position indiquant une courte durée comme le « futur proche », nous devons profiter de cette irruption d'énergie, de ce flux d'agitations. Pour une position qui indique une plus longue durée comme « le résultat » dans la Croix Celtique, il annonce une plus grande force ou créativité dans la vie. Il est un bon présage pour les artistes, les auteurs ou les acteurs, car Le Magicien symbolise la créativité en soi.

En tant que première lame de l'arcane majeur, il peut indiquer un début, et qui plus est, très positif. Il indique le premier pas pour concrétiser un projet et la volonté de le mener à bien. La volonté du Magicien est concentrée et contrôlée. Cette lame peut également indiquer la maîtrise de l'ego et de ses désirs, particulièrement si elle est entourée de lames qui représentent des volontés fortes.

Renversé, Le Magicien peut signaler l'abus de cette forte volonté et dans quelques rares cas la dénommée magie noire qui est utilisée à des fins égoïstes et destructrices. N'oublions pas que Le Magicien est à la tête du groupe des trois lames, qui comprend également La Force, mais aussi Le Diable. A l'inverse, lorsqu'elle est renversée, cette lame peut signifier un affaiblissement de la volonté, un manque de concentration, mais aussi que l'on doute de soi-même.

La volonté ou l'énergie créative peut être bloquée ou interrompue. Cela peut signifier un affaiblissement ou une intention confuse et peut mener éventuellement à l'apathie, la léthargie ou à l'incapacité d'agir. Pour un artiste, cela signifie probablement que sa créativité est figée. Parfois l'énergie figée provoque des peurs, des crises d'angoisse, de la panique.

Puisque Le Magicien renversé est la raison de cette situation, ce problème peut provenir de ce que l'on devrait faire, comme prendre une décision ou accomplir un acte, mais que l'on a toujours pourtant évité. Toutefois, prendre une décision pourrait comporter des risques, particulièrement si Le Fou fait partie des lames du tirage. Si vous avez tiré également Le Pendu, cette décision pourrait être contraire aux mœurs de la famille ou de la société. La posture du magicien est à l'image d'un paratonnerre. Si le magicien laisse l'énergie le traverser et s'il est relié à la terre au moment de son activité ou de sa prise de décision, il fait l'expérience d'une joie magique. En revanche, s'il évite de laisser couler l'énergie, celle-ci reste bloquée en lui et détruit tout le système.

Si Le Magicien apparaît renversé dans un tirage, nous devons alors nous demander : « Est-ce que je doute trop de moi ? Y a-t-il une chose dans ma vie que je devrais faire ? Comment est-ce que je peux servir mon inspiration et le monde ? »

Voici deux tirages pour comprendre la force magique. Le premier est le tirage de la sagesse pour comprendre ce que la magie signifie.

Le tirage de la sagesse du Magicien

1. Qu'est-ce que la magie ?
2. Comment fonctionne-t-elle dans le monde ?
3. Comment y accéder ?
4. Comment vient-elle à nous ?
5. Comment devenir magicien ?

Choisissez le tirage qui vous semble le mieux adapté.

Le tirage personnel du Magicien

1. Que représente la magie pour moi ?
2. Comment fonctionne la magie dans ma vie ?
3. Dans quel domaine est-ce que je recherche la magie ?
4. Où la trouver ?
5. Comment l'utiliser ?
6. Comment puis-je devenir magicien ?

II –
La Papesse

Sur l'image, entre les colonnes et le rideau, *nous ne voyons que l'eau : informe, impassible, abyssale. Nous appelons ces eaux profondes « l'inconscient ». Il désigne le vaste océan de la vie au-delà de nos expériences personnelles, de nos envies et de nos aspirations. Les mythes, les inspirations, les miracles divins, les rêves, tous nous offrent un regard fugitif sur l'inconscient derrière le voile de l'existence quotidienne.*

Signification de la lame

Tout semble apparemment très complexe. Comment interpréter La Papesse lorsqu'elle apparaît dans un tirage ? Elle peut symboliser parfois des doctrines et des enseignements secrets et même le statut de la prêtresse, une personne qui guide et qui inspire. Les païens modernes ont rétabli la voie des véritables tâches de la papesse. Son titre ne signifie pas seulement « pape féminin » car pape et papesse remplissent des fonctions différentes. Le rôle du pape est d'exercer ses fonctions et de diriger. Sous son meilleur aspect, il oriente l'énergie divine et bénit les hommes et le monde. La papesse quant à elle, initie et guide les hommes vers les voies de l'intérieur afin qu'ils découvrent leurs propres mystères. Nous pouvons, nous aussi, tout comme le ferait la papesse, remplir ce rôle dans notre vie. Pour cela, nous pouvons aider doucement ceux qui en particulier traversent une crise pour trouver leur propre chemin au lieu de leur dicter brutalement ce qu'ils doivent faire, de les approvisionner ou de les prendre en charge.

La Papesse signale également que quelque chose de très profond s'éveille en nous, particulièrement notre psychisme et notre spiritualité. Pendant un atelier sur l'interprétation des rêves, une femme me raconta qu'elle avait rêvé qu'un jaguar vert et brillant était venu la voir pour l'entraîner dans une pièce où se trouvaient un autel et une couronne. Le jaguar se transforma en une femme qui prit la couronne et la leva pour la déposer sur sa tête. Je lui répondis que ce rêve évoquait une initiation à un mystère. Pendant le tirage, c'est La Papesse qui apparut au moment où la femme jaguar la couronnait.

Le rôle de la papesse en tant que servante du divin nous montre un aspect de cette lame. Un autre aspect nous rappelle d'être silencieux, de nous retourner vers l'intérieur et de méditer dans le silence. Il peut s'agir de méditations comme d'une autre pratique spirituelle, mais pas obligatoirement. La Papesse nous conseille simplement de ne rien précipiter, de ne pas essayer de trouver des solutions et de ne pas nous laisser enfermer.

La plupart des individus vivent aujourd'hui leur vie de deux façons : l'activité et les relations. Soit nous aspirons au succès et à la responsabilité, soit nous aspirons à vivre avec notre famille, avec ceux que nous aimons et avec nos amis. La Papesse peut nous rappeler de rester en prise avec nous-mêmes et de croire en notre instinct et en notre intuition. Nous ne sommes pas obligés de les utiliser, car nous ne les comprenons pas toujours. Pourtant, nous pouvons leur faire confiance.

Renversée, La Papesse peut nous inviter à rejoindre le monde extérieur, en particulier si nous avons vécu isolés pendant un certain temps pour explorer notre intérieur. Le silence et l'isolement peuvent nous fasciner, mais si nous y restons trop longtemps, il sera difficile de reprendre les rênes de notre vie, de nos responsabilités et de nos relations.

La lame renversée peut nous rappeler que nous devons nous occuper d'une personne ou d'une tâche. Nous devons peut-être prendre une décision ou passer à l'action. Selon la position dans le tirage et selon les autres lames, la lame renversée peut, suivant les différents contextes, indiquer que d'autres personnes exercent une pression sur nous ou que notre entourage nous manque de respect.

Le tirage de la Papesse.

1. Qu'est-ce qui est profondément ancré en moi ?
2. Comme puis-je en prendre connaissance ?
3. Comment y rester fidèle ?
4. Que dois-je donner à l'extérieur ?
5. Que dois-je garder en moi ?

III – L'Impératrice

Nous pouvons déposer la lame de L'Impératrice *sur notre table de nuit, l'observer pendant quelque temps et ressentir ce qu'elle éveille en nous. Nous pouvons écrire sur nos passions, nos émotions et nos blessures ou nous laisser inspirer par son image avant de formuler une affirmation. Dans la Grèce antique, les temples de guérison contenaient des reliques offertes à Aphrodite, car il ne peut y avoir guérison sans amour.*

Signification de la lame

Il existe de nombreuses trinités dans les religions. Les trinités féminines sont les trois Parques de Grèce ou les Nornes nordiques ainsi que les trois aspects d'une déesse, la Vierge, la Mère et l'Ancienne qui correspondent aux phases de la lune, montante, pleine et descendante. Elles reflètent également les étapes de la vie d'une femme : l'enfance, la procréation, la ménopause. Dans les arcanes majeurs, les trois lames féminines principales qui correspondent aux trois aspects d'une déesse sont : La Papesse pour la jeune fille, L'Impératrice pour la mère et La Lune pour l'ancienne. Pourtant, chacune de ces lames, quelle qu'elle soit, contient ces trois qualités en elle-même.

Pour moi, dans les tirages, L'Impératrice représente avant tout la passion. Qu'elle soit Déméter ou Aphrodite, elle nous montre le plaisir de la vie avec toutes ses activités et ses malheurs, mais aussi dans toute sa beauté. Elle ne renie pas les douleurs de la vie, mais nous rappelle que nous pouvons aimer le monde entier sans restrictions. L'Impératrice peut signifier dans un tirage la maternité, particulièrement si elle est entourée de lames qui indiquent des enfants ou la famille. Elle peut symboliser le dévouement absolu et l'instinct de protection des mères, la capacité de Déméter à remuer et ciel et terre pour sauver son enfant.

L'Impératrice peut indiquer l'amour et ses aspirations, pas obligatoirement pour quelqu'un, mais pour le simple pouvoir de l'amour. Elle agit souvent suivant ses impulsions, fondées plus sur les sentiments que sur la raison. Elle s'exprime d'une façon très puissante et intimide parfois les autres. Mis à part le fait qu'elle peut symboliser une personne, L'Impératrice indique l'abondance et la beauté de la nature, un entourage aisé ou les plaisirs sensuels de la vie : nous pourrions l'imaginer en tant que sculpture en chocolat, décorée par des feuilles dorées et entourée de fleurs.

Renversée, L'Impératrice est plus prudente ou simplement plus réfléchie. D'un côté, elle ressemble à La Papesse et agit plus en fonction de sa raison que de ses sens : elle est moins ouverte, moins sensuelle. Parfois elle peut signifier le refoulement, mais le plus souvent elle indique que la vie fait appel à nos différentes qualités. Si dans le tirage des questions qui concernent la maternité sont posées, L'Impératrice renversée peut signifier des problèmes de fertilité ou que le moment n'est pas encore favorable. Elle peut également indiquer des difficultés avec la mère de la consultante, ou du consultant, ou avec une personne équivalente.

Le tirage de L'Impératrice

1. Quelle est ma passion ?
2. Comme l'ai-je exprimée ?
3. Comment puis-je l'exprimer pleinement ?
4. Qu'est-ce qui me gêne ?
5. Qu'est-ce qui me libère ?
6. Qu'est-ce que je ressens ?
7. Qu'est-ce que ma passion attend de moi ?
8. Qu'est-ce qu'elle me donne ?
9. Comment concilier ma passion et ma sollicitude ?

IV –
L'Empereur

Nous devons nous accommoder des règles, *c'est-à-dire des lois et du code de comportement de la société, mais aussi des exigences de nos parents. Devant l'Empereur, les personnes peuvent rester figées de deux façons : soit elles obéissent à toutes les règles et vivent une vie toute tracée sans pouvoir développer leurs propres personnalités, soit elles se rebellent constamment et omettent de prendre leurs propres décisions.*

Signification de la lame

Les significations de L'Empereur dans les tirages peuvent être diverses. Il peut symboliser une personne puissante, éventuellement bienveillante, mais qui exige de l'obéissance. « La règle est la règle », telle pourrait être sa devise. Au sens plus large, cette lame peut indiquer le pouvoir de la société, ses lois, ses mœurs, ses attentes de conformité et l'idée que le système est plus important que l'individu.

Parfois L'Empereur symbolise uniquement les lois naturelles. Il peut signifier la raison, l'abstraction et même la science. Nous avons tendance depuis peu à nous méfier de ces caractéristiques que l'on croit coupées des émotions et de l'intuition. N'oublions pas cependant que ce sont justement ces qualités qui sont prisées par la tradition occulte : la capacité à utiliser davantage la raison que le sentiment et à se concentrer davantage sur les principes dominants que sur les détails.

L'Empereur peut symboliser la paternité et son importance dans la vie de la consultante ou du consultant. Accouplé aux lames qui indiquent des conflits familiaux, l'Empereur peut représenter un père dominant mais, associé aux lames de la générosité, il devient un père bienveillant et affectueux.

Parfois, l'Empereur ne désigne pas le père, mais un mari particulièrement dominant dans le couple ou la famille. Si l'Empereur et l'Impératrice apparaissent ensemble, ils peuvent indiquer un couple uni, deux personnes puissantes. Mais n'oublions pas dans notre interprétation que L'Empereur peut représenter une femme et L'Impératrice un homme.

Pour des tirages qui concernent le travail, L'Empereur peut symboliser un patron, une société, des règles. Mais cette lame peut également décrire les capacités de la consultante, ou du consultant, à prendre le contrôle dans une affaire ou à défendre ses intérêts.

Renversé, le pouvoir de L'Empereur s'affaiblit. Il est peut-être plus effacé et insiste moins sur le respect de ses règles et sur ses principes absolus. Souvent, la lame renversée est plus bénéfique. Avec La Justice, L'Empereur, dont la tête est à l'envers sur la lame, symbolise la nécessité de se consacrer à des sujets plus profonds. La réalité d'une situation doit être reconnue sans avoir à appliquer des normes. Toutefois, L'Empereur renversé peut symboliser une personne qui a des difficultés à s'affirmer ou qui s'enferre dans des détails sans en connaître le bien-fondé.

Parfois, la lame renversée signifie l'immaturité ou le refus de porter des responsabilités.

Le tirage de L'Empereur

1. En quoi suis-je un dominateur ?
2. En quoi ne suis-je pas un dominateur ?
3. Dans quel domaine est-ce que je dois tenir les rênes ?
4. Qu'est-ce qui m'aidera à le faire ?
5. Quelle est ma faiblesse ?
6. Quelle est ma force ?
7. Quelles sont les règles ?

V – Le Pape

Sur la lame, nous voyons la bénédiction sacerdotale : *le pouce et deux doigts sont pointés vers le haut, deux doigts vers le bas. L'énergie spirituelle est guidée vers la matière. « Du haut vers le bas » n'implique pas seulement que notre schéma de vie sur Terre soit le reflet de mouvements astrologiques, mais qu'une rencontre divine a bien lieu. Le divin ne se cherche pas dans le ciel ; il suffit du battement de nos cœurs pour l'atteindre.*

Signification de la lame

Comment comprendre ce texte dans un tirage ? Nous nous concentrons de nos jours sur l'idée que la personne qui consulte les cartes est en train de suivre une voie. Il peut s'agir d'une voie qui est acceptée par la société, ou qui vient de sa famille, de son partenaire ou de ses amis. Sur cette voie déjà tracée, nous ne devons pas réfléchir ou agir, nous devons seulement la suivre. Comme la société moderne apprécie les valeurs telles que la liberté et l'initiative – nous sommes de plus en plus amenés à regarder plus largement autour de nous –, nous avons rapidement tendance à refuser la voie toute tracée ou à ne pas vouloir y suivre quelqu'un d'autre. Pourtant, cette voie traditionnelle est celle de plusieurs générations et contient une grande sagesse.

Parfois, il se cache derrière ce qui semble non conformiste un vieux schéma de comportement automatique, mais démuni de sagesse ancienne. En 1970, lorsque je fis pour la première fois connaissance avec le tarot, j'enseignais dans des ateliers d'écriture à l'université de New York. À l'époque, j'avais l'impression que chaque étudiant écrivait dans sa dissertation : « Chacun d'entre nous est un individu ! » Je me demandais pourquoi ils écrivaient alors tous la même chose s'ils étaient si individualistes. Aujourd'hui, je pense qu'ils refusaient les valeurs du Pape et qu'ils les remplaçaient par une nouvelle doctrine.

Le Pape peut décrire un enseignement ou un système éducatif particulier. Quelquefois, il indique un mariage, probablement parce que nous devons alors voir un prêtre. Cette signification est renforcée par la lame Quatre des Bâtons, car cette lame évoque la fête, la noce. Le Pape peut indiquer, particulièrement si la lame L'Amoureux l'entoure, le couple en tant qu' « institution », ce qui ne signifie pas obligatoirement passion ou romantisme.

Le Pape peut évoquer l'expérience de la bénédiction, donner une bénédiction ou la recevoir.

Renversé, Le Pape indique tout ce qui n'est pas conventionnel. Une personne ne prend pas la voie dictée par la société ou la famille, mais parcourt la sienne. Même si cette voie semble attrayante et peut souvent l'aider, cette personne risque de perdre le sens des réalités et d'être crédule. J'ai connu des personnes qui rejetaient les directives de la société, mais qui, par contre, croyaient à toutes les alternatives possibles. Un jour, une amie me raconta avec enthousiasme qu'elle avait entendu parler d'un groupe secret de « Maîtres » qui contrôlait le monde. Quand je lui demandai d'où elle tenait cette information, elle me montra un petit livre de poche bon marché et je lui posais la question : « Mais comment sais-tu que l'auteur dit la vérité ? » Elle me regarda alors d'un air étonné et me répondit qu'elle n'y avait pas pensé. Cette femme refusait un grand nombre de normes religieuses et scientifiques, car elle les considérait comme des mensonges oppressants. Le Pape renversé signifie liberté, mais la liberté est toujours accompagnée par la difficulté de prendre la bonne décision.

Le tirage du Pape

1. Comment les traditions ont-elles influencé ma vie ?
2. Qu'est-ce que j'ai appris ?
3. Comment ai-je rompu avec la tradition ?
4. Quelles en ont été les conséquences sur ma vie ?
5. Que dois-je enseigner aux autres ?
6. Comment remplir ce rôle ?

VI –
L'Amoureux

L'homme regarde la femme, *la femme regarde l'ange. La bénédiction de l'ange les unit pour que l'énergie puisse circuler. Aujourd'hui encore, dans certains domaines, les hommes sont censés être rationnels et les femmes émotives. Donc, cela induirait que les hommes sont proches des dieux, la raison pure, et les femmes proches des animaux… Sur la lame L'Amoureux, l'homme doit regarder d'abord la femme pour voir l'ange. Les symboles montrent que le masculin ne peut atteindre le divin qu'en passant par le féminin.*

Signification de la lame

L'amour est similaire à la mort en ce sens qu'il nous entraîne au-delà de notre ego. Peu importe l'intensité avec laquelle nous nous efforçons de devenir des amants exceptionnels ou de préserver l'image que nous donnons de nous : pendant l'acte d'amour, nous devons nous laisser aller, au moins pour un instant.

Comment interpréter cette lame lorsqu'elle se manifeste dans un tirage ? Elle signifie avant tout l'amour et nous devons nous réjouir de son apparition. C'est sa signification la plus intensive en ce qui concerne une relation éventuelle. Pour un tirage qui concerne un nouveau travail, L'Amoureux peut également indiquer une rencontre importante, particulièrement si les autres lames, par exemple les Deux des Coupes, renforcent cette interprétation. Si Le Pape et/ou les Quatre des Coupes apparaissent en même temps que L'Amoureux, cette combinaison indique un mariage.

Parallèlement, cette lame peut correspondre à d'autres significations traditionnelles comme prendre une décision. La consultante, ou le consultant, doit peut-être faire un choix difficile, par exemple entre la tentation et le devoir, le vice et la vertu. Dans le tarot de Marseille en particulier, cette lame peut indiquer qu'il faut choisir entre deux partenaires.

Pour un tirage sur la profession, elle peut signaler un partenariat fructueux ou un choix à faire. Elle peut également évoquer l'adolescence ou un nouveau niveau de l'être.

Renversée, cette lame indique avant tout l'absence d'amour. Si une personne pose ce genre de questions : « Vais-je rencontrer un nouveau partenaire (ou un nouvel employeur, etc.) à cette fête ? » ou « Cette relation va-t-elle devenir sérieuse ? » ou encore « Vais-je rencontrer l'âme sœur dans les prochains six mois ? », la lame renversée répond alors: « Non, probablement pas cette fois. »

La lame renversée indique également qu'une décision est difficile à prendre ou que quelqu'un l'évite. Elle peut signaler une personne qui n'a pas de contact avec certains aspects de son être. Si la personne est plus jeune, elle indique qu'elle est perturbée.

Le tirage de L'Amoureux

1. Comment ai-je pris connaissance de l'amour dans ma vie ?
2. Quel est son effet ?
3. Qu'est-ce que je désire ardemment ?
4. Qu'est-ce qui me retient ?
5. Qu'est-ce que l'amour attend de moi ?
6. Qu'est-ce que l'amour peut me donner ?

VII – Le Chariot

***Avec la force de sa volonté, le triomphateur** tient en équilibre les forces contraires dans sa vie. C'est sans les rênes qui ne figurent pas sur la lame et uniquement par sa volonté que le triomphateur empêche les sphinx de prendre des directions différentes. Selon Zoe Matoff, le triomphateur ne doit pas tenir les rênes puisqu'il se fait lui-même véhicule de son avenir. Sa devise est : « Non pas ma volonté, mais Dieu que ta volonté soit faite ! »*

Signification de la lame

Le Chariot signifie d'abord le succès, particulièrement celui que l'on a acquis en ayant affirmé sa propre volonté. Le chariot symbolise ce qui est une « vie bien remplie » : le succès, une fierté méritée, l'admiration d'autrui, le réconfort. Il signifie également succès en amour, car dans le jeu de tarot, Le Chariot est l'arcane qui suit directement L'Amoureux.

Si le tirage concerne un sujet particulier, Le Chariot est alors un bon présage, il annonce un résultat positif. Le message est encore plus clair si d'autres lames sont présentes, comme Le Monde, les Six des Bâtons ou encore les lames qui représentent les rois, particulièrement le Roi des Deniers.

Les qualités masculines du Chariot sont mises en valeur lorsqu'il apparaît à côté des lames Le Magicien, L'Empereur ou à côté d'une des lames représentant les bâtons. Lorsque La Tour apparaît à ses côtés, son impétuosité peut se transformer en agression ou en violence. Le projet de la consultante, ou du consultant, pourrait échouer ou un plan détruit. Il n'est pas nécessaire d'analyser en détail les aspects sombres ou cachés du Chariot. Il suffit de mentionner qu'une forte volonté peut avoir une ombre. D'une manière plus simple, le Chariot peut être interprété comme l'annonce d'un voyage ou d'une nouvelle voiture.

La lame renversée ne signifie pas obligatoirement un échec. Elle indique simplement un manque de volonté ou un doute sur soi-même. Le Chariot renversé peut apparaître dans un tirage lorsqu'une personne ne peut plus, ou ne veut plus, gérer une situation uniquement par sa volonté. Si par exemple elle n'aime pas son travail, mais qu'elle le continue par devoir, le Chariot renversé montre alors qu'elle ne doit pas continuer ainsi.

C'est le paradoxe du Chariot qui est à l'envers : si la volonté nous fait défaut, cela peut s'avérer douloureux, particulièrement s'il est associé à La Tour. Pourtant, rien de mieux ne pourrait arriver. Si La Force apparaît après le Chariot renversé, cela signifie que la personne a suffisamment de force intérieure pour se reprendre. Si les lames représentant les relations ou la coopération, comme L'Amoureux ou les Trois des coupes, apparaissent dans le tirage, elle recevra de l'aide ou apprendra à mieux communiquer.

Naturellement, le Chariot renversé peut indiquer un voyage annulé ou des ennuis de voiture.

Le tirage du Chariot

Il est l'un de mes tirages préférés, car il est basé sur les huit premières lames de l'arcane majeur. Si une lame apparaît sur sa propre position, par exemple L'Empereur sur la position 4, ses caractéristiques sont alors renforcées. Il est possible d'utiliser deux jeux pour ce tirage : le premier pour déterminer les positions avec la lame correspondante, le second jeu permet de mélanger les cartes et de les disposer sur les lames déjà positionnées.

1. (Fou) Dans quelle aventure vais-je me lancer immédiatement ?
2. (Magicien) Où est mon énergie, ma magie ?
3. (Papesse) Quel secret est encore caché ou inexprimé ?
4. (Impératrice) Quelle est ma passion ?
5. (Empereur) Quelle sont les règles (peut-être sont-elles cachées ou inconscientes) ?
6. (Pape) Quelle voie s'ouvre à moi ?
7. (Amoureux) Comment exprimer ma passion ?
8. (Chariot) Où cela mène-t-il ?

Le but de ce tirage est de vous aider dans votre prise de conscience afin que vous puissiez prendre en main les rênes de votre vie.

VIII –
La Force

Pour cette lame, *il est question de donner des noms et de saisir ce qu'il y a dans la nature. Des générations anciennes la considéraient comme un symbole de l'agriculture et de la civilisation et non comme la maîtrise du milieu sauvage. Aujourd'hui, elle représenterait plutôt l'écologie, dans laquelle les êtres humains et le milieu naturel vivent en harmonie, comme Waite qui décrit comment la femme dépose délicatement sa ceinture de fleurs sur la crinière du lion.*

Signification de la lame

Quelle interprétation choisir lorsque La Force visite notre tirage ? Plus que pour la plupart des autres lames, son interprétation dépend de la définition que la consultante, ou le consultant, lui attribue. Pour cela, il convient d'observer minutieusement la lame et de nous demander ce que nous, ou la personne qui consulte les cartes, entendons par « force ».

S'agit-il de cette force qui permet de résister aux difficultés de la vie ? De surmonter la nature animale ? Ou de travailler sur son côté animal ? S'agit-il d'une personne qui travaille avec les animaux comme un vétérinaire, un dresseur ou une personne qui communique avec eux ? Le lion représente-t-il le désir ou la sexualité, et si oui, quel est le rôle de la femme ?

Pour moi, cette lame nous appelle avant tout à reconnaître notre propre force, particulièrement dans des situations où nous nous croyons incapables de lutter. Indépendamment de la question posée et des autres lames, elle peut représenter le fait que nous avons besoin de force. Selon mon expérience, les tarots ne se contentent pas de nous proposer une bonne idée : une lame dans un tirage indique ce dont nous avons besoin, mais son message est que nous pouvons y répondre.

La Force ne nous conseille pas obligatoirement d'agir d'une certaine façon. Parfois, elle signifie même de ne pas agir du tout. Les autres lames indiquent, s'il y a lieu, comment agir. La Force signale que nous avons les ressources pour faire ce qui est nécessaire.

Renversée, la lame peut signifier des envies incontrôlées : succomber à une tentation, particulièrement sexuelle. Est-ce nécessairement mauvais ? Les générations anciennes pensaient que oui. De nos jours, les avis sont partagés à ce sujet. Toutefois, si d'autres lames indiquent un danger dû à un comportement intrépide, cette lame se révèle être une mise en garde contre des envies incontrôlées.

Pour la lame renversée, je pense d'abord à la faiblesse ou à quelqu'un qui doute de sa propre force. Si une personne est confrontée à une tâche difficile ou si elle se trouve dans une situation embrouillée depuis longtemps, le renversement peut indiquer un sentiment comme

« Je n'y arrive pas ». Les autres lames indiquent alors où trouver des nouvelles forces, du courage et de la détermination. La faiblesse n'est pas un jugement que l'on porte sur une situation, mais simplement sa description. La lame renversée peut nous conseiller d'abandonner ce qui est irréalisable.

La faiblesse est-elle obligatoirement un défaut ? Nous acceptons trop souvent des mauvaises conditions parce que nous sommes capables de les supporter, ou bien parce qu'une autre personne est plus faible que nous, et dans ce cas, nous devons être forts. La question suivante était posée dans un tirage : « Quelle est la meilleure chose qui puisse être faite maintenant ? » Nous étions étonnées de voir La Force apparaître. Après un instant de réflexion, je m'entendis dire : « Accepte d'être faible. Laisse une autre personne porter le fardeau. »

Le tirage de la Force

1. Quelle est ma force ?
2. Quelle est ma faiblesse ?
3. Pourquoi dois-je être fort(e) ?
4. Quand puis-je être faible ?
5. Qu'est-ce qui me rend fort(e) ?
6. Qu'est-ce qui m'affaiblit ?

IX –
L'Ermite

L'Ermite est l'exemple qui montre *que l'illumination est possible : il détient la flamme qui brille non seulement pour lui, mais aussi pour les autres : « Là où je suis, toi aussi tu peux y être. » Le vieux sage qui fait son apparition dans les moments décisifs est une image profondément enracinée dans l'âme humaine. Elle surgit spontanément dans les mythes, les contes, les rêves ainsi que dans les méthodes de thérapies utilisées par de nombreuses cultures.*

Signification de la lame

Si nous ne détenons pas la flamme de l'amour et de la passion, nos efforts pour trouver la reconnaissance, la méditation et la sainte vérité ressemblent alors à une lanterne sans lumière et sans chaleur, perchée sur le sommet solitaire d'une montagne. Pour rayonner, nous devons incarner cette image de L'Ermite et nous transformer en flamme.

Comme Hermès, L'Ermite tient une lanterne dont la lumière est complexe. Ses premiers messages lorsqu'il apparaît dans notre tirage sont la solitude, la séparation, le retrait. Si c'est l'amour que nous recherchons, ce n'est pas la lame que nous attendons, à moins d'être tombé amoureux de notre professeur de méditation. Pourtant, nous avons peut-être besoin du message de cette lame. Beaucoup d'entre nous doivent apprendre à vivre et à profiter de la vie sans qu'un partenaire ne la complète. Pour une personne qui vit en relation, particulièrement si celle-ci est compliquée, l'Ermite peut indiquer l'idée d'y mettre fin. Il peut signaler que ces tensions sont dues au fait que nous souhaitons continuer seuls sans toutefois assumer cette idée.

Son deuxième message est celui de l'archétype du vieux sage qui peut être un professeur, un mentor, un thérapeute ou un guide spirituel. Selon le positionnement dans le tirage, cette lame indique la nécessité de faire appel à un mentor, soit qu'il existe déjà ou qu'il apparaisse prochainement. Naturellement, la personne qui consulte les cartes peut avoir les qualités de ce vieux sage. Parfois, certains projettent un archétype sur une personne qu'ils connaissent : chaque lame de tarot peut servir de projection et les lames qui représentent des relations ou des personnes autoritaires comme L'Ermite, L'Amoureux, Le Diable, L'Impératrice ou L'Empereur y semblent particulièrement adaptées.

L'Ermite peut signifier la maturité et la sagesse qui vient avec l'âge. Si dans un tirage cette lame s'oppose au Fou, nous devons alors observer les autres cartes pour décider de la meilleure interprétation entre la jeunesse insouciante ou la maturité prudente. La question n'est pas de savoir ce qui est exact ou faux, mais ce qui aide dans la situation actuelle.

Renversé, le message de L'Ermite est : ce n'est pas la période pour être seul. Il indique qu'il faut s'ouvrir davantage aux autres, la fin de la solitude, du succès dans la recherche d'un partenaire. D'autre part, cette lame renversée peut signifier la peur de la solitude. Le tirage de la Croix Celtique comprend le positionnement des peurs et des espoirs. Certains craignent autant la solitude qu'ils la souhaitent.

L'Ermite renversé peut indiquer l'absence d'un maître, d'un guide spirituel dans notre vie et nous conseille donc d'en avoir un. Il peut également indiquer le complexe de Peter Pan, c'est-à-dire le refus de devenir adulte, mais peut-être aussi l'envie de s'amuser comme lui. Revenons sur les lames qui s'opposent comme L'Ermite et Le Fou. Ils se trouvent tous les deux dans des endroits surélevés, la montagne et la falaise. Tandis que L'Ermite se tient figé, enveloppé d'un pan gris, la barbe blanche, le jeune Fou danse librement. Laquelle de ces deux attitudes vous convient le mieux actuellement ?

Le tirage de la sagesse de l'Ermite

1. Quel est le secret de l'Ermite ?
2. Quelle est la lumière de l'Ermite ?
3. Qu'est-ce qu'il dévoile ?
4. Quelles sont les questions que me pose l'Ermite ?
   A.
   B.
   C.

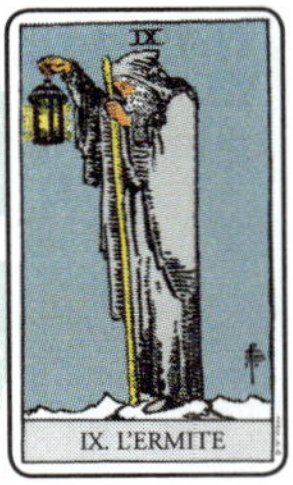

Le tirage personnel de l'Ermite

1. Que dois-je faire seul(e) ?
2. Où trouverai-je ma lumière ?
3. Que va-t-elle éclairer ?
4. Que veut me faire comprendre L'Ermite ?
5. Qui est mon maître secret ?
6. Que puis-je apprendre ?

X –
La Roue de Fortune

La Roue de Fortune symbolise *les cycles. Tout tourne : ce qui est en haut va vers le bas et ce qui est en bas va vers le haut, pendant une éternité, aussi longtemps que la terre existera. Nous ne voyons pas seulement des cycles de la nature, mais aussi des cycles spirituels et des mouvements entre la matière et l'esprit. Pendant la période spirituelle, le corps descend, laissant l'âme monter au ciel.*

Signification de la lame

Le centre de la roue représente le symbole central de la lame : tout sur la roue tourne sans cesse, rien n'est stable sauf le moyeu. Notre centre intérieur résiste. Juliet Sharman-Burke qui a créé un jeu de tarot, appelle le centre de la roue « notre noyau d'être ». Une roue est montée sur un axe. Pour ce faire, le centre de la roue doit être vide. Lao Tseu écrit dans le *Tao Te King* : « Trente rayons se partagent un moyeu, qui doit être vide, pour avoir un véhicule utile. » Les événements dans notre vie, les nombreux tours de la roue partent d'un centre qui n'est pas de la matière, mais qui contient toutes les possibilités du néant du 0 du Fou. Le chiffre 10 est composé de 1, Le Magicien, et de 0, Le Fou.

Une lame riche d'images puissantes ! Nous pouvons, à l'aide des tirages, plonger dans des vérités profondes. Sa signification générale est la suivante : la roue tourne, la vie évolue, quelque chose de nouveau apparaît. Madame Fortune prend la manivelle et tourne la roue. Nous ne pouvons pas toujours dire exactement ce qui va arriver et c'est bien le problème. Il est réconfortant de savoir que traditionnellement la roue qui tourne dans le bon sens apporte beaucoup de chance, chance inattendue.

Si la Roue de Fortune apparaît avec les lames qui représentent la dépendance ou le manque d'égards comme Le Diable, les Sept des Épées, La Tempérance renversée, et les Huit des Épées, elle indique alors l'addiction aux jeux. La Roue de Fortune représente bel et bien un jeu de hasard. Si elle se trouve à côté de lames qui indiquent nos épreuves, particulièrement La Justice et/ou l'Ermite, elle peut nous inviter à porter un regard plus profond sur les événements et à chercher notre centre immuable dans lequel nous trouverons notre moi véritable.

Si la lame est renversée, certains l'interprètent comme un mauvais présage, puisque logiquement elle tourne alors dans l'autre sens. Cependant, je suppose que c'est l'une des lames qui, renversée, change peu sa signification comme Le Soleil et les Quatre des Bâtons. La situation évolue certes d'une façon qui nous est impossible de prévoir et que nous ne pouvons pas contrôler, toutefois les conséquences sont faibles.

Renversée, la lame peut également indiquer une personne qui commence à guérir de son addiction aux jeux si les autres lames le confirment. Elle peut signaler aussi une personne qui entame le douloureux procédé qu'est l'analyse de soi-même, qui va comprendre que les malheurs dans sa vie ne peuvent plus s'expliquer que par de la malchance.

Le tirage de la Roue de Fortune

1. Qu'est-ce qui fait tourner la roue ?
2. Quels changements extérieurs sont à l'ordre du jour ?
3. Quels sont les changements intérieurs possibles ?
4. À quelle nouvelle situation dois-je faire face ?
5. Qu'est-ce qui monte ?
6. Qu'est-ce qui descend ?
7. Qu'y a-t-il au centre ?

Un tirage alternatif

La roue de l'année avec une lame pour chaque mois. Positionnez les lames dans le sens de l'aiguille d'une montre, le mois de janvier en haut et le mois de juin, en bas. Le mois de février sur 1 heure, le mois de mars sur 2 heures et ainsi de suite. Commencez par le mois actuel et étalez les cartes, face cachée. Si nous sommes au mois d'octobre, la première carte est positionnée sur 9 heures et elle sera la première carte à retourner, la deuxième carte est positionnée sur 10 heures pour le mois de novembre et ainsi de suite jusqu'à ce que la dernière carte, pour le mois de septembre, soit positionnée sur 8 heures. Commencez ensuite par interpréter la lame d'octobre jusqu'à celle de septembre. Ce tirage est bien adapté pour être effectué le jour des anniversaires ou pour célébrer une date d'anniversaire ou encore la date d'un nouveau départ.

XI – La Justice

Le personnage de La Justice *porte normalement un bandeau sur les yeux pour montrer son objectivité. Mais les plateaux de la balance penchent, car la justice doit se décider. Or, sur cette lame, le personnage voit clair et n'a pas besoin de tous les bandeaux des préjugés, des conditionnements, des endoctrinements et de la peur. La balance équilibrée représente l'harmonie et l'union de la matière et de la spiritualité.*

Signification de la lame

Mis à part la loi « Quelles circonstances particulières », pour citer Waite, sont en jeu lorsque La Justice apparaît dans un tirage ? Avec La Justice, nous savons que le tirage concerne une question qui est en rapport avec le droit comme un procès ou une procédure. À l'endroit, La Justice annonce un résultat juste et équitable, mais qui ne correspond peut-être pas à la conclusion souhaitée de l'affaire. Si nous tirons les cartes pour avoir des informations sur une affaire en justice, il est recommandé de mélanger les cartes de manière à ce qu'elles puissent se retourner. Tout comme La Justice indique à l'endroit un résultat juste, elle peut signifier, renversée, une injustice. Si d'autres lames rejoignent cette interprétation au début d'un procès, nous devons alors lui accorder une attention particulière dans les prochaines étapes. Si cette lame n'apparaît pas dans le tirage, il est important de la rechercher dans le jeu et de vérifier si elle est à l'endroit ou renversée et quelles sont les lames qui la précèdent ou la suivent. Ces dernières peuvent fournir des informations supplémentaires.

Dans un sens plus large, la lame signifie une remise en question. Nous devons prendre une décision d'ordre moral ou vérifier nos motifs. Il faut faire preuve alors de prudence et ne pas chercher trop vite un coupable ou, à l'inverse, croire que tout est de notre faute. Tenez les plateaux de la balance en équilibre.

Un autre aspect de la balance concerne la conscience et l'activité. L'épée sur la lame nous rappelle qu'il est nécessaire de respecter la justice, peut-être en agissant d'une façon particulière. Devons-nous réagir ? Les autres lames indiquent si nous le devons et-si oui, dans quels domaines tels que la société, notre relation, notre travail ou autre.

Renversée, la lame signale des conditions éventuellement injustes ou malhonnêtes. Si La Tour et quelques lames de la série des épées ou des lames de la cour renversées apparaissent également dans le tirage, il nous est conseillé d'être prudents. Cependant, la lame peut également indiquer le refus de voir que nous sommes dans une situation difficile ou que nous y sommes en partie impliqués. Que devons-nous faire pour rétablir la justice ? Devons-nous nous protéger ou agir ?

Le tirage de la Justice

(selon le schéma des plateaux de la balance)

1. Qu'est-ce que la justice extérieure ?
2. Est-il sage de la suivre ?
3. Quelle est la meilleure stratégie ?
4. Qu'est-ce que la justice intérieure ?
5. Quel est mon rôle ?
6. Comment la justice est-elle vue ?
7. Quelle est la relation entre la justice intérieure et extérieure ?

XII –
Le Pendu

***Beaucoup associent à la lame Le Pendu** une interprétation négative. Il reflète le fait d'être figé et de le rester, un sacrifice douloureux. Pour moi, cette lame a toujours signifié une libération de l'esprit. Sur l'image, Le Pendu, malgré sa posture, semble détendu et impassible. Son visage est entouré d'une auréole. Il y a donc deux manières de percevoir Le Pendu : soit souffrant, soit illuminé.*

Signification de la lame

Le Pendu est l'archétype de l'initiation. Dans la tradition chrétienne, saint Pierre est crucifié à l'envers. Les yogis se mettent littéralement sur la tête pour éveiller la Kundalini. Dans la mythologie nordique ancienne, Odin, ou Wodan, s'est suspendu à l'Arbre du Monde. Il veut ainsi se montrer digne de recevoir l'alphabet magique des runes. Il sacrifie son œil droit (le côté droit du corps représente l'ego) au gardien des runes. Après neuf jours et neuf nuits de souffrance, les ténèbres lui révèlent les lettres des runes.

Pour comprendre Le Pendu, nous ne devons ni nous sacrifier, ni effectuer des rituels cruels, ni nous mettre sur la tête (bien que cela pourrait parfois aider). Il suffit d'ouvrir les yeux et d'observer. Nous sommes tous en quelque sorte suspendus à la vie, non pas de façon figée, mais par son flux qui nous irrigue sans cesse. Seulement, nous ne le savons pas. Si nous étions suspendus par un pied à l'arbre de vie, nous pourrions peut-être nous en souvenir. La poètesse Kathryn Good-Schiff dit que nous croyons être debout sur la Terre, or comme la pesanteur nous retient par les pieds et que nous dépendons de la magnétosphère, nous sommes en fait suspendus à l'envers sur la Terre et nous l'ignorons.

Les interprétations du Pendu sont toutes très différentes. Pour beaucoup, il signifie la stagnation et le sacrifice douloureux. Pour moi, il est joyeux, même s'il est renfermé et mal compris des autres. Celui qui tire Le Pendu est probablement une personne marginale hors norme, mais qui ne recherche ni à convaincre ni l'approbation des autres.

Être pendu à un arbre signifie être relié à quelque chose qui nous dépasse. Nous sommes alors capables de résister aux vents contraires de la société et de faire face aux autres opinions. Pour les personnes qui se trouvent sur leur chemin spirituel, il peut signaler un moment d'illumination ou une expérience réelle d'initiation.

Renversée, la signification du Pendu peut avoir plusieurs approches. Si nous interprétons la lame principalement comme « être pendu », elle peut indiquer le mouvement, la libération ou la fin d'un sacrifice difficile. J'ai tendance à interpréter la lame renversée comme une sorte de conformité : nous permettons aux autres, ou à la société, de nous conquérir par leurs avis et leurs opinions, ce que Waite appelle « la masse, la société organisée ». Nous nous sommes retournés dans la prétendue bonne direction, celle que tout le monde prend, mais à quel prix ?

Le tirage du Pendu

1. Le passé
2. L'avenir
3. Ce à quoi vous tenez
4. Le cœur de votre vérité
5. Ce que vous allez abandonner
6. Ce qui apporte réconfort et tranquillité
7. Ce que vous allez donner
8. Ce que vous allez recevoir
9. Ce qui peut être dévoilé, compris et appris

XIII – La Mort

***Devons-nous considérer La Mort** comme annonçant réellement une mort ? Il convient de respecter cette interprétation qui pendant longtemps faisait partie de la tradition du tarot. Si cette lame, combinée à notre sentiment, nous fait pressentir une mort, il faut alors vérifier les significations des lames qui l'entourent. Si nous avons un doute, il est préférable de se contenter de l'interpréter par une « fin » ou par un « changement » et de l'évoquer en tant que partie d'une transformation.*

Signification de la lame

Nous avons déjà évoqué le moment critique lorsque La Mort apparaît dans un tirage. Annonce-t-elle vraiment la mort d'une personne ? Bien que cela soit peu probable, il est important de l'intégrer en tant que thème dans le tirage si une personne vient de mourir, est en train de mourir, ou si la consultante, ou le consultant, est confronté à la mort de quelque façon que ce soit.

Certaines lames de la série des épées comme les Trois, les Quatre, les Six, les Neuf et les Dix des Épées, peuvent renforcer la présence de la mort. Traditionnellement, les Dix des Deniers peuvent indiquer un héritage et, associés à La Mort, ces deux lames peuvent annoncer un décès dans la famille.

Souvent, La Mort signifie la fin de quelque chose : un couple qui se sépare, un travail que l'on doit quitter, un grand projet qui touche à sa fin. Le plus important est la façon dont nous réagissons face à cette situation. Est-ce que nous nous y opposons, la renions ou l'acceptons ? Si La Tour apparaît également dans le tirage, il s'agit alors d'un changement qui peut être très rapide, et même brutal.

Parfois, nous souhaitons que la consultante, ou le consultant, comprenne mieux sa situation après une consultation. Nous lui expliquons alors que la mort signifie la renaissance, le changement ou un nouveau commencement. La lame représente la mort dans un sens où rien ne meurt définitivement, quelque chose va se terminer et d'une façon ou d'une autre, on se sent périr. Le bonheur peut arriver, mais il faut d'abord accepter qu'il y ait une fin. Même si une chose déplaisante meurt, comme une relation douloureuse, c'est peut-être la perte de ce qui nous était familier, de ce qui nous définissait, que nous pleurons.

La Mort renversée peut signifier qu'on s'accroche à la vie. Si une personne est en longue maladie, qu'elle a peur de mourir, la Mort renversée indique que cela ne risque pas d'arriver prochainement. Toutefois, la lame renversée ne promet pas la guérison, elle indique simplement l'absence d'évolution. Elle peut également indiquer que l'on résiste aux changements et que l'on est dans un état d'inertie. Les choses ne meurent pas, elles continuent d'avancer. Cela peut être réconfortant, même s'il n'y a pas de solution.

Le tirage de la sagesse de La Mort

1. Qu'est-ce que la mort ?
2. D'où vient-elle ?
3. Qu'est-ce qui la provoque ?
4. Pourquoi devons-nous mourir ?
5. Qu'est-ce qui vient avec la mort ?
6. Qu'est-ce qui vient après ?
7. Que signifie-t-elle dans un tirage ?

Le tirage personnel de la Mort

1. Quelle est ma conception de la mort ?
2. Comment puis-je m'en accommoder ?
3. Dans quels domaines ai-je des problèmes avec elle ?
4. Qu'est-ce qui doit mourir dans ma vie ?
5. Comment le laisser mourir ?
6. Qu'est-ce qui doit vivre ?
7. Comment l'aider à vivre ?

XIV – La Tempérance

***L'ange a un pied posé sur la Terre** et un pied dans l'eau, ce qui implique le mélange de la vie intérieure et de l'action. La Tempérance permet d'agir sans perdre notre centre intérieur et sans utiliser notre ego. Les ailes sont trop grandes et trop puissantes pour entrer entièrement dans l'image. Cela confère à l'image une vibration qui ne semble pas aussi calme qu'apparemment.*

Signification de la lame

Dans les tirages, La Tempérance indique principalement le juste milieu, le calme. Elle peut être très utile en cas de situations de crise, surtout si notre entourage tombe dans l'hystérie, la colère et les réactions excessives. La Tempérance nous conseille alors de garder notre équilibre. Comme toutes les lames, La Tempérance non seulement nous donne un conseil, mais nous assure que nous sommes capables de ressentir cet état pour pouvoir ensuite agir de façon adaptée. La carte annonce : « De la tempérance serait maintenant bénéfique pour vous », mais aussi « Vous pouvez le faire ». Comme c'est une image et non une idée abstraite qui nous est offerte, La Tempérance nous aide à assurer cet état de tranquillité. En effet, lorsque nous contemplons l'image de La Tempérance et que nous nous laissons submerger par elle, dans le concret et non dans l'abstrait, elle changera alors notre état d'esprit actuel ainsi que notre comportement.

Pour m'aider dans une situation où je ne pouvais m'empêcher de réagir systématiquement de façon excessive, je fis le tirage de la Croix Celtique. Tout en étant consciente de mon comportement, je n'arrivais pas à le contrôler. La plupart des cartes reflétaient mon état extrême comme la lame Cinq des Épées. Cependant, La Tempérance se trouvait sur le positionnement « résultat possible ». Son message était : « Voici ce que tu peux faire. » Je la visualisais les jours suivants dès que je me sentais perdre le contrôle de mes réactions. Elle devint peu à peu efficace et mon ancien comportement cessa.

La Tempérance peut nous aider à nous libérer d'une addiction. Dans un tirage, elle ne signifie pas obligatoirement que l'on doit lutter contre notre démon tout comme saint Michel dans sa lutte contre Satan. Cependant, si d'autres lames évoquent le thème de l'addiction et qu'elle soit un problème, La Tempérance peut apporter de l'aide.

La Tempérance unit les énergies. Malgré ma première réaction négative face à cette lame, je pense qu'elle transporte beaucoup de dynamisme et qu'elle peut donner des solutions créatives aux problèmes. Quand un problème existe depuis longtemps, elle peut apporter une solution qui allie des démarches différentes, des talents et des pensées.

Renversée, cette lame indique la démesure, l'extrême et la disposition à des comportements excessifs, particulièrement si elle est associée au Diable, comme si l'ange n'avait pas réussi à contrôler les mauvaises impulsions. Quelque chose s'est déséquilibré : cette signification est renforcée par la lame renversée La Justice ou la lame renversée Six des Deniers sur lesquelles figurent des balances en équilibre. La lame Dix des Épées peut, associée à La Tempérance renversée, recommander de faire des séances d'acupuncture afin de rééquilibrer les énergies ou le caractère.

Renversée, la lame devient un conseil si la situation est extrême, par exemple si des parents doivent prendre de gros risques pour protéger leur enfant. Pour des situations moins dramatiques, La Tempérance renversée peut appeler à baisser sa garde, à se laisser aller et oser quelque chose, ce qui est renforcé par la présence du Fou, à l'endroit.

Le tirage de la Tempérance

Ce tirage est conseillé si vous devez prendre une décision difficile ou si vous êtes face à une situation extrêmement contradictoire ou face à des contraires.

1. La situation actuelle
2. Votre alternative
3. Un juste milieu possible
4. La démarche nécessaire
5. Comment faire circuler l'énergie et maintenir son flux
6. Quel est à présent votre engagement personnel ?

XV – Le Diable

Le Diable est la Vénus des ténèbres, *la lumière en exil, l'illusion de l'infécondité et le désespoir. Notre flamme peut s'éteindre à tout moment. Il suffit que les cruautés de la vie, les faiblesses et les désirs destructifs s'accaparent de notre foi en l'amour. Nous sommes alors les esclaves d'une force destructrice. Mais les chaînes peuvent se briser, à l'image de Vénus qui retourne toujours au ciel.*

Signification de la lame

Quel voyage compliqué ! Voici l'une des étapes du Fou sur son chemin qui part de l'innocence pour aller à la lumière libérée du Monde. Comment interpréter Le Diable lorsqu'il vient visiter votre tirage ? Nous prenons d'abord en compte toutes les lames qui ont été tirées et considérons ensuite toutes les possibilités d'interprétations avant de choisir celle qui correspond le mieux à la question posée. Il n'y a que pour Le Diable que cette procédure est très importante.

N'oublions pas qu'il faut toujours tenir compte de la conception qu'a la consultante, ou le consultant, de la lame. Il y a plusieurs années, ma partenaire, une excellente interprète du tarot, les consultait une fois par semaine pour une amie. Un jour qu'elle était pressée, je la remplaçai. Le Diable fut la toute première lame à sortir du jeu. Je fixais la lame, pensais à l'interpréter comme des obsessions lorsque son amie s'exclama : « Ma lame préférée ! » Pour elle, cette lame signifiait tout simplement la fête. Je m'entretenais récemment avec des amis pour savoir quelle lame pourrait correspondre aux fantaisies. Nous nous étions tous mis d'accord sur Le Diable.

D'un autre côté, il représente le mal à l'extrême ou de mauvais agissements. Cette interprétation plutôt rare peut être renforcée par certaines lames de la série des épées, qui indiquent l'agression ou la douleur, ou par des lames de la cour renversées.

Dans son sens général, Le Diable signifie une oppression ou une dépendance à tout ce qui nous enchaîne. Il s'agit souvent d'illusions qui sont illustrées sur la lame par des cordes ou des chaînes, mais qui sont en fait faciles à ôter. Le Diable peut indiquer des illusions de tout genre comme les fautes, les erreurs ou le fait de s'accrocher à des valeurs, à des situations ou à ceux qui peuvent vous nuire. Le Magicien est selon une tradition secrète des tarots un escroc, mais les jeux et les mensonges du Diable peuvent provoquer des dommages réels.

Associé aux lames de la série des coupes, Le Diable indique un problème d'alcool et avec les lames de la série des épées, l'addiction à la drogue. Avec les bâtons, il évoque des obsessions sexuelles et avec les deniers, des problèmes d'argent ou l'addiction aux jeux. Pour l'experte en tarot, Carey Croft, si un arcane mineur se trouve près du Diable, il s'agit d'un sujet auquel nous sommes « enchaînés ». Ainsi, si la lame Deux des Coupes est à côté du Diable, il peut s'agir d'une difficulté dans une relation, et s'il est associé à diverses lames de la série des deniers, d'un problème dans la profession.

Renversé, Le Diable signifie souvent la délivrance. Quelqu'un prend conscience qu'il n'est pas enchaîné et qu'il peut libérer ses propres forces pour continuer sur son chemin. La lame peut alors indiquer la fin d'une illusion ou signaler un intérêt pour la spiritualité. Parfois, elle peut révéler un côté raisonnable et le sens des responsabilités au lieu de la frivolité, ou bien qu'une relation uniquement sexuelle devient plus sérieuse. Cet aspect est renforcé par la lame L'Amoureux, particulièrement si les deux lames se suivent directement, c'est-à-dire si Le Diable renversé est tiré en premier et qu'il est suivi de L'Amoureux.

Le tirage du Diable

(selon le schéma d'un pentagramme)

1. Qu'ai-je perdu ?
2. Qu'est-ce qui m'empêche de revenir à la lumière ?
3. Quelles chaînes illusoires me lient ?
4. Quelle réalité me maintient ?
5. Comment puis-je me délivrer ?
6. Que se passera-t-il après ?

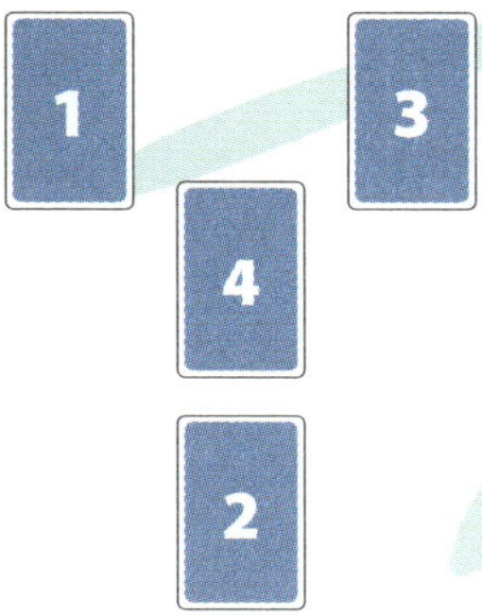

Le tirage de la sagesse du Diable

(selon le schéma des cornes)

1. Qu'est le mal ?
2. Pourquoi existe-t-il ?
3. D'où vient-il ?
4. Comment réagir face à lui ?

XVI –
La Tour

La Tour est associée aux bouleversements, *aux situations extrêmes et à la violence. Devons-nous alors nous inquiéter lorsqu'elle apparaît dans notre tirage ? En aucun cas ! Elle peut indiquer également la délivrance, la victoire sur une situation diabolique. Notre supposée réalité sera bouleversée plus radicalement encore que par Le Pendu. Les corps de deux personnes tombent, la tête la première. Dans son aspect positif, la Tour symbolise une grande percée.*

Signification de la lame

Le symbole de la dualité place normalement l'homme, ou la lumière, sur le côté droit d'une image et la femme, ou les ténèbres, sur le côté gauche. Nous pouvons le voir sur les colonnes de la lame de La Papesse et plus clairement encore sur la lame de L'Amoureux et je supposais qu'il en serait toujours ainsi. Puis je constatai qu'il en était rien, car effectivement, l'homme et la femme ont, sur cette lame, changé de côté. Ce changement ne se produit que sur l'image de La Tour. Sur la lame du Diable, l'homme et la femme maintiennent la même place que sur l'image de L'Amoureux. Ils changent donc de place lorsqu'ils sont jetés de La Tour. C'est comme si nos idées reçues se trouvaient périmées lorsque nous atteignons La Tour. C'est le moment de changer notre perception des choses. Ainsi, grâce à la force de l'inspiration, nous ne voyons plus les images de l'extérieur, mais nous les intériorisons et devenons nous-mêmes ces symboles, de sorte que la droite devient la gauche et la gauche, la droite !

Les significations habituelles sont le bouleversement, le changement soudain et une explosion. Cela peut mener à une délivrance. Mais la situation n'est pas toujours aussi dramatique. Lors d'un tirage quotidien avec trois cartes, je tirai un jour La Tour, mais je ne pouvais pas reconnaître son message tout comme je ne pouvais pas comprendre qu'il fallait que j'évite une démarche, selon Le Chariot, et que je devais agir selon le message de la lame Sept des Épées (donc trois fois le « sept » : La Tour, 16, 1+6 = 7 et Le Chariot = 7). Plus tard, alors que je promenais mon chien dans la campagne, nous fûmes attaqués par deux autres chiens. Je réussis à les éloigner en vociférant contre eux. Bien qu'après nous être éloignés de leur territoire, nous devions toutefois y repasser pour rejoindre ma voiture. Je me souvenais du tirage : ne te précipite pas comme Le Chariot, faufile-toi sur la pointe des pieds comme l'homme sur la lame Sept des Épées. J'attendis alors un moment pour me faufiler discrètement avec mon chien sur leur territoire en direction de ma voiture et ainsi je n'avais pas attiré leur attention.

Plus concrètement, la lame peut mettre en garde contre les orages si celle-ci est tirée par une personne qui souhaite voyager dans des régions à risques.

Plus que l'annonce d'événements ou d'une activité, La Tour apporte des informations. Elle peut annoncer des nouvelles surprenantes et nous faire changer complètement de point de vue. Par exemple, une femme apprend que son mari la trompe : il convient dans ce cas de bien observer également les autres lames et de ne pas nous précipiter dans des interprétations trop hâtives.

Renversée, la lame est à l'image de Waite : « La même chose, mais légèrement affaiblie. » Les bouleversements sont encore présents, mais ils sont beaucoup moins importants. Les combats ne sont pas menés jusqu'au bout, les personnes se retirent de la lutte et une situation qui semblait catastrophique ne l'est plus. Nous devons toutefois considérer que certaines choses vont continuer d'évoluer si elles ne sont pas éliminées. Il s'instaure alors en nous le sentiment de renier un fait, ou de nous accrocher à quelque chose dont nous devrions nous défaire. Si La Tour renversée symbolise une révélation, elle peut signifier que les informations, ou les pensées, n'ont pas toutes été complètement révélées.

Le tirage de La Tour

1. Quelles étaient les structures dans ma vie ?
2. De quelle façon m'ont-elles limité ?
3. De quelle façon m'ont-elles aidé ?
4. Qu'est-ce qu'elle divise ?
5. De quelle façon cela concerne-t-il les autres ?

(Une lame peut être tirée pour chaque personne)

1. Quel peut être le résultat ?
2. Qu'est-ce que je dois faire ?

Le tirage de la sagesse de La Tour

(« La Maison de Dieu »)

1. Qui vit dans la Maison de Dieu ?
2. Que détruit-elle ?
3. Qu'est-ce qui est libéré ?
4. Que se passe-t-il après la destruction ?
5. Qu'est-ce qui commence ?

XVII – L'Étoile

***Sur l'image, la grande étoile** a huit branches. Nous ne pouvons pas reproduire parfaitement la spiritualité dans la matière. Mais il y a un compromis : un octogone contient un carré qui représente la Terre et un cercle qui représente le ciel. Ainsi, l'étoile aux huit branches rayonnantes représente non seulement le cadeau éternel de la lumière divine, mais aussi la présence continuelle de l'esprit au quotidien.*

Signification de la lame

Dans un tirage, L'Étoile apporte de l'espoir. Cela est particulièrement précieux dans des situations difficiles, donc quand nous consultons les cartes. Elle peut également signifier une façon détendue et compréhensive de voir les choses, la joie et l'adoucissement. Parfois, nous connaissons cet état après avoir surmonté une situation ou une expérience extrême. L'Étoile est également la lame de la guérison et du renouvellement et elle est la bienvenue dans les tirages qui concernent les maladies, les douleurs chroniques ou les longues périodes de convalescence.

L'Étoile peut symboliser une personne qui se sent bien dans son corps, mais aussi la joie sexuelle et la sensualité.

Son titre anglais, star, lui confère une signification supplémentaire : être une star signifie aussi être reconnu, avoir des privilèges, être sous pression, ou bénéficier de beaucoup d'attention. Nous ne sommes pas obligés d'être des stars de cinéma ou de rock pour vivre ce que vit une star. Nous pouvons devenir une star de façon plus subtile, par exemple dans la famille ou dans notre carrière professionnelle. Cette lame peut représenter ce rôle de star dès que quelqu'un rayonne.

Renversée, L'Étoile indique un manque d'espoir et du négatif. Elle indique dans un cas extrême le désespoir, mais peut aussi simplement signaler des doutes ou du pessimisme. L'autre aspect est le faux espoir. Ce que l'on avait espéré ou ce en quoi nous avons cru ne se produit pas. Il y a des retards dans la guérison, ou un traitement particulier n'est pas aussi efficace qu'espéré.

Dans le cadre de la « star », L'Étoile renversée peut symboliser une personne timide qui n'est pas encore prête à se montrer en public : une personne qui cache sa lumière. Parfois, cette attitude est nécessaire si notre entourage est néfaste, dans notre vie privée ou sur le plan professionnel, ou si un projet n'a pas encore complètement abouti. Un artiste, par exemple, ne souhaite pas montrer ses œuvres si elles sont inachevées. Un chercheur scientifique évite de se montrer en public avant d'avoir obtenu un résultat.

Israël ben Elieser, qui créa le mouvement juif tsadik, se comportait comme un homme simple jusqu'à ce qu'il devienne célèbre. Tsade, la lettre attribuée par la Golden Dawn à l'Étoile est la racine de Tsadik, un saint. Israël ben Elieser, cette étoile dissimulée, appelé également « Le Maître du Bon Nom » est un exemple pour ce genre de saints. Dans sa jeunesse, ses lames de tarot auraient certainement été Le Fou associé à L'Étoile renversée. Si cette combinaison apparaît dans un tirage, il s'agit d'une personne qui est souvent bien plus importante qu'il n'y paraît.

La lame renversée peut indiquer des problèmes avec son corps comme l'anorexie ou des complexes sexuels. Cette signification est renforcée si L'Étoile renversée apparaît aux côtés des lames Le Diable, Cinq des Épées ou Huit des Épées.

Le tirage de L'Étoile

Réfléchissez à un thème de L'Étoile, mélangez le jeu comme vous en avez l'habitude et choisissez une carte pour chacune des positions suivantes :

1. Espoir
2. Guide
3. Paix
4. Guérison

XVIII – La Lune

Celui qui par miracle mystique *perçoit une véritable délivrance préfère souvent rester prisonnier de ce monde magique intérieur. La littérature spirituelle déborde d'histoires et de fables qui nous mettent en garde contre cette croyance. C'est l'une des raisons pour lesquelles on attribue à la lune le pouvoir de rendre fou. Si nous ne retournons pas dans la vie quotidienne après une expérience mystique, nous risquons de perdre notre moi véritable.*

Signification de la lame

J'eus plusieurs fois l'occasion dans un tirage d'interpréter La Lune comme indiquant la folie. Il s'agissait de situations qui avaient pour thème la folie et où le consultant devait sérieusement se pencher sur ce sujet. Dans un cadre plus réduit, La Lune peut indiquer un voyage difficile chargé d'émotions ou de peurs.

Nous devons également considérer ses autres significations traditionnelles, comme les demi-vérités et les illusions, particulièrement si les autres lames renforcent ces significations. Les aspects positifs de La Lune sont les rêves, l'intuition et le développement psychologique. Elle indique également la subtilité et la sensibilité. Bien sûr, nous devons faire confiance à toutes ces qualités lorsque nous consultons les cartes, mais de façon plus intensive encore lorsque La Lune visite notre tirage.

Cette lame peut indiquer des situations cycliques ou répétitives. Les lames qui l'entourent, mais aussi la situation actuelle de la consultante, ou du consultant, montrent de quel cycle il s'agit. À l'endroit, la lame signifie un état croissant et une évolution ; renversée, une énergie décroissante.

Si le tirage concerne la santé d'une femme, La Lune peut indiquer tout ce qui concerne les cycles de menstruation et les organes de reproduction. Il est toujours délicat d'effectuer des tirages sur la santé et nous devons faire preuve de prudence lorsque nous interprétons les lames.

Renversée, elle montre quelque chose qui décroît ou qui disparaît complètement. Pour des personnes lunatiques, elle peut signifier la dépression ou une période de calme et de retrait. Cela est particulièrement renforcé si La Lune est près de L'Ermite ou de La Papesse qui sont tous les deux associés à La Lune. La Papesse porte souvent un bijou lunaire sur la tête et si on additionne les chiffres de La Lune, donc 1 + 8, on obtient le chiffre 9, celui de la lame L'Ermite. De plus, la Golden Dawn associe, en astrologie, La Papesse à La Lune.

Parfois la lame renversée indique des aspects problématiques comme des rêves agités, des difficultés à accepter certaines émotions ou des dons de medium non maîtrisés. Cependant, La Lune renversée peut indiquer qu'une période lunaire touche à sa fin. Pour bien choisir parmi ces interprétations, il convient d'observer les lames environnantes, par exemple Le Soleil ou l'As des Bâtons et d'utiliser notre intuition.

Le tirage de La Lune

1. Qu'est-ce qui est profondément ancré ?
2. Qu'est-ce que cela réveille ?
3. Qu'est-ce que cela va dévoiler ?
4. Quel effet cela aura-t-il ?
5. Comment utiliser cette énergie ?
6. Qu'est-ce qu'elle va calmer ?
7. Quelle lumière La Lune reflète-t-elle ?

Note : La lune est l'astre que l'on retrouve le plus dans les chansons. Essayez ce tirage en écoutant *Moon River* ou *The Old Devil Moon*.

XIX – Le Soleil

Nous avons vu des images *de la séparation, du masculin et du féminin, de la lumière et des ténèbres. L'innocence du Fou androgyne contient la virilité du Magicien et la féminité de La Papesse. Chez Le Diable, les limites sont atteintes et La Tour les fait éclater, L'Étoile apporte la délivrance. Nous devons retrouver le chemin qui mène à notre quotidien pour bénéficier de la lumière du soleil et de la clarté de la conscience.*

Signification de la lame

Quand le soleil brille, le monde est heureux. Ne vous sentez-vous pas mieux lorsque le soleil est au rendez-vous ? Dans les régions désertes, le soleil provoque la sécheresse et même la mort. En revanche, dans les climats tempérés, le soleil représente l'été, les cultures qui s'épanouissent, la joie. La clarté est une partie de la signification qu'on lui attribue aujourd'hui et qui fait partie de notre vie : on utilise le terme « mettre en lumière » ou comme dans le conte des frères Grimm « le clair soleil le révélera au grand jour ». Ce qui semble étrange dans la lumière vague et reflétée de La Lune, devient simple et direct avec Le Soleil.

Les Grecs associaient le soleil à Apollon, le dieu de la raison, de l'équilibre et de la civilisation. Apollon jouait de la lyre, l'instrument de la sérénité et des proportions mathématiques qui contraste avec le sifflement sauvage de la flûte de pan. Friedrich Nietzsche employait le terme « apollinien » pour décrire une philosophie (ou un art) mesurée et rationnelle par opposition au dieu fougueux Dionysos. Cependant, si nous n'avons qu'une vue apollinienne des choses, nous ne voyons pas les aspects plus subtils de la lame Le Soleil. En effet, Apollon était aussi le dieu de la poésie et des oracles et, à travers son fils Asclépios, le dieu de la guérison chamane des rêves.

Dans un tirage, Le Soleil annonce le bonheur. Il indique une période heureuse, un instant de simplicité et de sérénité. La pureté est l'une de ses caractéristiques et, bien que sa signification traditionnelle inclue la prospérité, il représente davantage le plaisir d'une vie sans soucis que les grandes richesses.

Pour les tirages qui concernent la santé, il décrit en général une bonne santé. En cas de maladie ou de danger, Le Soleil annonce le rétablissement et la chance. Concrètement, c'est la lame que nous souhaitons tirer avant de partir en vacances.

Le Soleil peut symboliser la clarté, en particulier si les choses sont nébuleuses. Si la vérité a été cachée ou si des mensonges ont été rapportés, Le Soleil apporte sa lumière sur les secrets.

Dans le symbolisme du tarot, lunaire signifie « à l'intérieur, reflet et calme » tandis que solaire décrit ce qui est « à l'extérieur, clair et actif ».

Si ces deux lames sont tirées dans un même tirage ou des lames similaires comme L'Ermite ou La Papesse à la place de La Lune ainsi que Le Magicien ou les Quatre des Épées à la place du Soleil, vérifiez s'il s'agit d'un changement d'énergie.

Renversé, Le Soleil me fait penser à la phrase suivante de Waite : « La même chose, mais moins intensive. » Le Soleil porte une énergie tellement positive que, même si la lame est renversée, le négatif n'a pas sa place. « Moins intensive » me fait penser aux nuages qui passent devant le soleil : la lumière continue de briller et de nous réchauffer avec ses rayons, seulement elle n'est plus aussi claire qu'auparavant : le bonheur mêlé de mélancolie, une pensée ou un sujet ne sont plus totalement clairs.

Si dans le tirage Le Soleil renversé est opposé à La Lune à l'endroit, cela nous indique que nous passons d'un état solaire à un état lunaire.

Le tirage du Soleil

1. Qu'est-ce qui est clair dans ma vie ? (un thème particulier dans les relations ou le travail)
2. Qu'est-ce qui est nuageux ?
3. Qu'est-ce qui peut m'aider à voir clair ?
4. Qu'est-ce qui me trouble ?
5. Comment puis-je simplifier ma vie, ma situation ?

XX – Le Jugement

Peut-être que cette lame indique l'éveil *de la conscience. Nous pensons que nous agissons délibérément dans notre vie, mais souvent nous agissons inconsciemment ou simplement par habitude. Quand nous nous éveillons, nous avons alors pleinement recours à notre libre arbitre. J'ai toujours aimé cette lame parce qu'elle donne le sentiment que de grands changements ont eu lieu en nous ou dans une situation.*

Signification de la lame

Dans les tirages, Le Jugement annonce un nouveau commencement. D'aussi loin que je me souvienne, cette lame n'a jamais été retravaillée pour lui donner un nouveau sens tel que le jugement d'une personne par un dieu ou un juge. Elle indique plutôt différentes formes de résurrection. À mon avis, elle montre qu'un changement s'est déjà produit, en nous généralement, mais aussi dans des circonstances extérieures. Le défi est maintenant de reconnaître ce changement. Une personne qui a longtemps détesté son travail sait au plus profond d'elle-même qu'elle va le quitter et advienne que pourra. Un auteur, bloqué dans son écriture, retourne à son roman inachevé parce qu'il sait au fond de lui-même que quelque chose va changer. Un alcoolique s'achète une bouteille de whisky, la regarde, puis la jette.

Tous ces exemples sont libérateurs. Le Jugement apparaît également dans un tirage pour indiquer par exemple qu'un couple ravive sa relation ou qu'une personne déçue par une expérience spirituelle redécouvre le pouvoir de la foi. Le plus important est le sentiment que des mouvements s'opèrent et qu'une évolution est en marche.

Renversée, la lame Le Jugement signifie reniement, peur et doute. Nous entendons bien ce coup de trompette en nous qui nous invite à saluer une nouvelle existence, mais nous ne lui faisons pas confiance. Peut-être ne savons-nous pas comment reconnaître cet événement, que nous n'avons aucune idée de l'action qui doit suivre ou ne voulons-nous pas blesser les sentiments d'autrui ou nous blâmer nous-mêmes. Je connus une femme qui, juste avant son mariage, se rendit compte qu'elle n'aimait pas son fiancé et qu'elle ne voulait donc plus l'épouser. Mais elle craignait l'humiliation provoquée par l'annulation du mariage et des invitations, la déception de son fiancé et de ses parents. Alors elle l'épousa, mais elle en souffrit longtemps. Parfois, Le Jugement renversé nous prévient que nous sommes figés dans une situation parce que nous n'avons pas écouté ce qui « résonne » en nous.

Le tirage du Jugement

1. Quelle est la question cachée du Jugement ?
2. Comment y répondre ?
3. Qu'est-ce qui m'appelle à m'élever ou à devenir quelqu'un de nouveau ?
4. Que puis-je devenir ?
5. Comment ma vie peut-elle changer ?
6. Qu'est-ce que ou qui va changer autour de moi ?
7. Comment la réponse me sera-t-elle transmise ?

Le tirage de la sagesse du Jugement

1. Qui est l'ange ?
2. Quelle vérité me dévoile-t-il ?

XXI – Le Monde

Les mots « mère » et « matière » *sont tous les deux issus du latin* mater. *La lame Le Monde nous permet d'être ce qui unit l'esprit et la matière, le haut et le bas. Autrement dit, à l'image de L'Impératrice, le monde, avec ses milliards de créatures, ses fleuves, ses montagnes, son ciel et ses étoiles était à l'origine une déesse qui, coupée en plusieurs morceaux, créa la réalité.*

Signification de la lame

La triade des chiffres 7, 14 et 21 – Le Chariot, La Tempérance et Le Monde symbolise trois victoires : la première sur les défis de la vie, la deuxième sur nos peurs et nos limites, particulièrement la peur de la mort et finalement la victoire pour celui qui atteint la vraie compréhension spirituelle. Avec Le Monde, le moi trouve enfin sa place et tout ce qui existe est un seul être rayonnant.

Comment intégrer ces puissantes interprétations lorsque cette lame apparaît dans un tirage ? Il est difficile de dire: « Vous êtes un être cosmique et vous recollerez les morceaux d'un univers brisé. » Mais nous ne pouvons pas réduire non plus son interprétation à « récompense, voyage » comme le fait Waite. Est-il possible de faire passer le message de la perfection quand nous parlons de thèmes comme le bonheur et les relations ?

Je suis toujours très heureuse lorsque Le Monde apparaît dans un tirage. Peu importe la question posée, cette lame promet un résultat magnifique. Elle peut également montrer une percée, une grande reconnaissance qui mène à l'intégrité et à la liberté. Parfois, la lame reflète la reconnaissance, comme si Le Monde nous remarquait. De façon générale, elle promet le succès.

Certains voient Le Monde comme la fin d'un cycle qui recommence avec Le Fou. Cette interprétation représente également la satisfaction et la réalisation.

Renversée, la lame ne signifie pas une catastrophe ou un désastre, simplement une stagnation. Le bonheur et la plénitude se font attendre. Elle peut également indiquer une structure rigide : des situations stagnent au lieu de se transformer ou de laisser la place à une nouveauté. Mais cela n'est pas obligatoirement négatif. Il y a quelques années, une de mes amies traversait une période très instable et pratiquement dans tous les domaines de sa vie. Cet aspect du Monde renversé lui a beaucoup plu car il promettait le retour à la stabilité. Son monde intérieur était suffisamment « retourné » et elle ne souhaitait plus d'aventures.

Le tirage de la sagesse du Monde

Ce tirage peut être effectué en tant que tirage de la sagesse, ou à titre personnel.

Il consiste à tirer des lames au hasard. Les lames indiquées ci-dessous ne donnent pas de réponses, mais posent des questions. Comme Le Monde contient théoriquement toutes les autres lames, il me paraissait adapté de mélanger le jeu, de choisir au hasard quelques lames pour réfléchir aux questions qui leur sont attribuées. Voici un exemple :

1. Papesse
   Quelle est ma vérité intérieure ?
2. L'Étoile
   Quel espoir promet-elle ?
3. La Lune
   Quel voyage est à faire ?
4. Le Jugement
   Qu'est-ce qui s'éveille de grand ?
5. La Reine des Coupes
   Quel est le cadeau ?

As
des Bâtons

Les as sont singuliers, essentiels. *L'as est la carte de l'origine, la carte la plus pure. Dans la série des bâtons ardents, cette lame indique une grande énergie, le bonheur, l'optimisme. Sur l'image, les feuilles qui tombent du bâton forment la lettre J, la première lettre du saint nom Jehoshua, l'un des noms hébraïques pour Jésus. Les bâtons sont en relation avec l'élément feu. L'As des Bâtons est le cadeau de la vie pour la vie.*

Signification : énergie, vie, santé, courage. Impétuosité, simplicité, quelque chose d'excitant commence, enthousiasme.

Renversée : hésitations, subir un revers, doutes. Le moment n'est pas favorable pour la nouveauté.

Deux
des Bâtons

***Deux est le chiffre qui nous permet de refléter,** de diviser les énergies qui se sont séparées pour créer quelque chose. L'image montre une personne qui tente de peser le pour ou le contre entre deux désirs. Quelle est la sagesse de l'élément feu ? Quel est le message des deux flammes pures ? Pourraient-elles se compléter ? Si un conflit existe, les deux énergies vont alors se heurter.*

Signification : choix, particulièrement entre la sécurité et l'aventure. Chercher la sagesse du feu intérieur.

Renversée : un choix ou une décision prise vous mène vers une nouvelle expérience. Aventures possibles, mais de l'insécurité.

Trois
des Bâtons

***Si la lame Trois des Bâtons visite votre tirage,** vous pourriez vous interroger sur votre perception de l'élément feu – l'énergie vitale – par rapport à vos propres expériences ou dans la situation dans laquelle vous êtes actuellement. Il est possible que l'image montre quelqu'un reconnaissant ce que le feu de l'ambition et de l'énergie a représenté dans sa vie. La lame Trois des Bâtons peut représenter ceux qui, ensemble, sont créatifs.*

Signification : énergie concrète. Comprendre ce que l'énergie créative a signifié dans votre vie. Activités intéressantes en groupe.

Renversée : une tradition des occultistes, d'Etteila à Waite, décrit cette lame comme étant « la fin des adversités », une signification utile. Concurrence possible au sein d'un groupe.

Quatre des Bâtons

Une image intensive : *une voûte simple, construite à partir de quatre troncs et d'un baldaquin fleuri. L'élément feu est structuré sur cette image, mais dans une forme ouverte et pour faire la fête. La ville en arrière-plan montre une structure limitée comme celle qui définit notre vie quotidienne : responsabilité, travail, règles.*

Signification : structures simples, énergie vitale définie et formée. Trouver des buts. Des personnes qui fêtent ensemble. Un flux d'énergie et d'enthousiasme débordant.

Renversée : Waite accorde à la lame renversée presque la même signification, mais d'une intensité moindre : des nuages passent pendant une fête joyeuse. Notre enthousiasme pourrait être plus fort que nos tentatives à vouloir le contrôler et le diriger.

Cinq des Bâtons

***La compétition engendre plus** d'énergies qu'elle n'est douloureuse. Le chiffre cinq dans l'élément feu peut permettre de découvrir une sensibilité puissante pour les possibilités offertes par la vie.*

Signification : concours et agitations qui font prendre conscience d'être au centre de sa vie. Selon Pythagore : c'est l'épanouissement des possibilités ardentes de la vie. Ou simplement une évolution : c'est l'énergie qui prend une nouvelle direction.

Renversée : compétition qui prend une mauvaise tournure. Des personnes qui outrepassent les règles établies. La lame peut également signifier que la foi dans les possibilités proposées par la vie est limitée. Elle peut représenter aussi une flamme, une passion qui brûle incessamment : la flamme est petite, mais elle ne risque pas de s'éteindre.

Six des Bâtons

***La lame Six des Bâtons** peut représenter une relation passionnelle ou la passion pour la vie. À côté des énergies sexuelles, elle indique le partage des émotions et de l'enthousiasme.*

Signification : passion, romantisme ou enthousiasme commun. Des situations qui sont à la fois excitantes et harmonieuses. Confiance dans l'avenir et optimisme. Capacité à inspirer les autres.

Renversée : difficultés dans une relation passionnelle. Manque d'intérêts communs. Pessimisme et doutes pouvant mener à l'isolement. Sous la surface, possibilités de significations plus profondes.

Sept
des Bâtons

***Le chiffre sept représente la créativité** et l'esprit novateur, la conscience de ses propres talents. Les bâtons ardents développent une énorme énergie créative. Sur la lame, l'homme est actif et semble ne pas céder à ce qui se trouve sous lui et seuls les bâtons dirigés vers le haut sont visibles. Le thème de la prise de conscience est ici abordé : l'homme sait qu'il doit garder le contrôle de la situation.*

Signification : dynamisme, énergie, créativité, peut-être agressivité. Il est nécessaire de s'ouvrir à l'élément feu au lieu de l'utiliser pour combattre les autres ou pour simplement garder le dessus.

Renversée : l'énergie peut être dispersée et moins concentrée que souhaitable.

Huit
des Bâtons

Avec cette lame, *on peut s'attendre à quelqu'un capable de s'affirmer qui agit avec raison et fidélité à ses principes, une personne avec une forte volonté qui, après avoir soigneusement considéré ses idéaux, passe à l'action.*

Signification : mouvement, rapidité, cap sur la stabilité. Pour une situation qui persiste, cette lame indique qu'en général, on peut prévoir une fin positive, ou même une solution. Un schéma de comportement qui se répète ou une activité basée sur des idéaux et des concepts que l'on suppose être justes.

Renversée : des situations non résolues, instables. Ne pas savoir comment agir avec discernement. Rompre avec un schéma.

Neuf des Bâtons

***Neuf est le chiffre de l'accomplissement.** Il est le dernier nombre qui contient un seul chiffre et représente les neuf mois de la grossesse. Chacun des neuf de chaque série contient ainsi à sa façon le sujet de l'accomplissement.*

Signification : courage et force dans une situation tendue. Défense. Interprétée dans un sens plus large, elle devient la lame de l'énergie accomplie, de la créativité, de l'énergie débordante et de l'inspiration.

Renversée : le sentiment de devoir surmonter quelque chose. Peut-être s'agit-il de trouver un nouveau chemin pour combattre les difficultés ou d'inviter quelqu'un à se rapprocher de nous. Elle représente également des projets créatifs inachevés, la fin d'une étape ou le passage vers quelque chose de nouveau.

Dix
des Bâtons

Waite voit sur cette lame l'enthousiasme *ardent d'une personne qui a pris trop de responsabilités ou qui est dépassée par les fardeaux du quotidien. Mais quelle est la plus grande prise de conscience de l'élément feu ? Comment mieux exprimer l'unité et la conscience qu'à travers l'enthousiasme et la joie de vivre ?*

Signification : sentiments accablés par les responsabilités. Sur le plan relationnel, une personne qui s'efforce de maintenir sa relation. En général : nouveau départ dans la vie et conscience plus grande quant au sens de ce que l'on fait.

Renversée : se délivrer des fardeaux et des responsabilités. En ce qui concerne les relations : quelqu'un qui a déjà fourni beaucoup d'efforts cesse d'en fournir. Il reste quelques possibilités, mais celles-ci sont moins apparentes.

Valet
des Bâtons

Selon la lignée de tradition, *les valets sont considérés comme des messagers. Quel est le message de l'élément feu ? Peut-être de savourer la vie, de prendre des risques pour un nouveau début. Certains voient en cette lame « l'amant fidèle ».*

Signification : fraîcheur, enthousiasme. La disponibilité à commencer quelque chose de nouveau. Des nouvelles intéressantes, peut-être un amant fidèle ou une personne qui est « folle » d'amour et qui en perd la raison. Alternative : noble et altruiste. Selon la Golden Dawn, une réalité dont émane une énergie ardente.

Renversée : incertitude, hésitation, prudence, particulièrement avec Le Fou renversé. Peut-être un amant infidèle, particulièrement si associé à la lame Sept des Épées.

Cavalier des Bâtons

Quelle est la caractéristique essentielle du cavalier ? *Il part en recherche pour revenir avec une nouvelle force et de nouvelles qualités. Que recherche le Cavalier des Bâtons ? Il cherche avant tout l'aventure, un exutoire pour son énergie ardente. Il est fougueux, curieux et dynamique, mais aussi irréaliste, lunatique et impatient lors d'actions stupides et monotones.*

Signification : aventure, audace, dynamisme et énergie. Une personne très charmante et sûre d'elle. La lame des voyages.

Renversée : retards et dérangements possibles. Trop de confiance en soi à l'image du cavalier qui tombe de cheval par impréparation. Le charme désuet.

Reine
des Bâtons

Sur l'image, la reine tient *en main un simple tournesol. Malgré son calme et sa confiance en elle, elle peut être une grande guerrière. Sa qualité principale est de dominer. Elle est aussi la reine la plus sexuelle, elle est assise les jambes écartées.*

Signification : elle est sûre d'elle, elle offre la vie. Généreuse, mais parfois dévergondée. Elle peut être une passionnée sexuelle, mais être impatiente avec un partenaire qui montre ses faiblesses. La joie de vivre, une période d'allégresse.

Renversée : générosité et de l'aide dans les périodes de crise, impatience dans des situations longues. La reine doit s'entourer de personnes qui fêtent la vie. Elle a des problèmes à accepter les limites.

Roi
des Bâtons

Tout comme les reines symbolisent la domination *et la reconnaissance, les rois représentent les souverains et les hommes d'action. Le roi peut irradier une grande confiance en lui. Pour les personnes qui ne sont pas assez sûres d'elles, cela peut devenir de l'arrogance.*

Signification : un personnage avec beaucoup d'assurance. Il peut être de sexe masculin ou féminin, car le roi est un rôle et non une question biologique. Il peut peut-être se montrer impatient avec ceux qui agissent trop lentement. Mais sans agressivité, seulement une énergie puissante.

Renversée : la personne peut s'énerver en cas de contrôle ou de limites. Des circonstances difficiles lui font douter de lui-même, ce qui pour cette personne si sûre d'elle peut provoquer une crise.

As des Coupes

L'image confère à toute cette série *un aspect curatif. Les gouttes d'eau forment la lettre de l'alphabet hébraïque Jod, le symbole de la grâce divine. Cette lame implique une guérison miraculeuse mais, comme pour la légende du Graal, celle-ci doit être en harmonie avec la justice.*

Signification : énergie de l'eau pure, amour, flux créatif, guérison spirituelle. Nouvelle relation possible. Nourriture émotionnelle et spirituelle.

Renversée : le bonheur peut être figé, une relation interrompue. Parfois, la lame peut indiquer que nous ne reconnaissons pas l'amour. Dans une situation de stress, il est bon de bien s'occuper de nous, sur le plan matériel, émotionnel ou spirituel.

Deux des Coupes

***L'image représente l'amour** et est interprétée aujourd'hui en tant que nouvelle relation, par opposition aux relations bien établies de L'Amoureux. Nous voyons le bâton d'Hermès avec les deux serpents qui s'enlacent autour : le symbole de l'union du masculin et du féminin ainsi que celui de l'énergie de la Kundalini, le serpent enroulé sur lui-même, situé à la base de la colonne vertébrale.*

Signification : une relation toute nouvelle qui va devenir significative. Flux d'énergie. La possibilité de guérir de vieilles blessures issues des relations passées.

Renversée : une relation n'est peut-être pas aussi importante que présumée au départ. De vieilles blessures ou cicatrices peuvent se rouvrir s'il y a un nouvel amour.

Trois des Coupes

L'image montre une scène de l'amitié *et de la fête. Mon mot-clé pour le chiffre trois est l'activité en groupe qui se transforme dans la série des coupes en liens émotionnels : la proximité entre amis. La force guérisseuse de cette lame concerne l'amitié.*

Signification : débordement d'émotions, liens profonds entre des amis ou dans la famille. La possibilité de subjuguer les autres par des émotions. Ou simplement une fête.

Renversée : tensions entre amis. Le besoin éventuel d'être seul pendant un certain temps ou la nécessité de se réconcilier avec des amis. Des projets pour une activité en groupe pourraient sombrer.

Quatre des Coupes

La fluidité de l'eau *s'oppose aux structures puissantes. L'homme semble ne pas vouloir saisir la nouvelle coupe que la main d'un nuage (voir As des Coupes) lui tend. Il est peut-être simplement sujet à l'ennui ou à l'apathie.*

Signification : une famille ou un groupe dont les émotions sont bien gérées, car chacun y détient un rôle précis. Peut-être s'agit-il aussi d'un débordement de sentiments bénéfiques, mais de la part de quelqu'un qui a tendance à dominer les autres. Hésiter à essayer la nouveauté.

Renversée : les émotions ne peuvent plus être gérées. Les personnes découvrent de nouveaux aspects dans les relations existantes. Retenir ses émotions pour laisser aux autres le moyen de s'exprimer ; être disposé à essayer de la nouveauté.

Cinq des Coupes

***Cette scène nous incite à constater** les dégâts, à ramasser les débris et à traverser le pont pour que la vie continue. Mais lorsque cette lame apparaît dans notre tirage, ce serait une erreur de partir trop vite. Nous devons vivre pleinement la tristesse et l'intégrer avant de pouvoir nous éloigner.*

Signification : possibilité de la perte, tristesse ou changement des sentiments. Ni le bonheur ni la tristesse ne sont éternels. L'apprentissage a été compris ; une conscience plus large grâce à une expérience émotionnelle.

Renversée : il est temps de récupérer les restes de la perte et de continuer sa route. D'un autre côté, la lame renversée peut signifier une stabilité plus grande, particulièrement dans les relations.

Six des Coupes

***Voici un scénario un peu étranger** et qui est souvent interprété par la nostalgie du passé. Nous pouvons également voir une relation amoureuse qui dépasse celle que représente la lame Deux des Coupes. Des sentiments profonds dans un vieux couple pourraient également être un sujet.*

Signification : aussi longtemps qu'il sera difficile d'allier la nostalgie à des pensées stables et harmonieuses, nous devons choisir entre l'une de ces deux possibilités d'interprétation.

Renversée : lâcher prise avec le passé ; porter un regard plus critique sur la famille ou sur les autres relations. La fonction positive de cette lame serait de se réconcilier avec ses souvenirs d'enfance. Une situation stable et harmonieuse devient tendue.

Sept des Coupes

Cette image des fantasmes, *des rêves et des pensées fantastiques nous montre un autre côté de la série des Coupes, celui de l'imagination et du fantastique. Comme je considère le chiffre sept comme créatif et inventif, nous pouvons interpréter cette lame comme l'expérience de nouveaux sentiments.*

Signification : grandes émotions. Une personne qui aime profondément et qui est inspirée autant par l'imagination et les fantasmes que par les circonstances réelles. Une personne qui savoure l'illusion de l'amour et qui est amoureux pour être amoureux.

Renversée : la nécessité de concrétiser les visions de l'imagination. L'amour ne sera peut-être pas rendu. Un choix doit être fait.

Huit des Coupes

***Le personnage sur la lame sait** que le moment est venu de partir. Pour moi, l'espace vide dans la rangée supérieure des coupes peut représenter une nouvelle interprétation : peut-être que le personnage part pour chercher ce qui lui manque dans sa vie.*

Signification : quitter avant la fin, car nous savons qu'il est temps de partir. Rechercher ce qui manque dans notre vie actuelle. Alternative : harmonie entre la pensée et les sentiments ou une répétition du même schéma de relation émotionnelle.

Renversée : le moment n'est pas favorable pour quitter une situation. La relation entre la tête et le cœur est insuffisante. Briser un schéma de relation.

Neuf des Coupes

***Revenons à l'interprétation du personnage** de la lame Huit des Coupes qui se met à la recherche de la coupe manquante. Sur la lame Neuf des Coupes, il atteint le but de sa recherche et cette lame indique l'accomplissement heureux. Pour certains, elle fait allusion aux problèmes avec l'alcool.*

Signification : des possibilités variées. Satisfaction, plaisir, confort, trouver ce qui manquait. Se concentrer sur ce qui existe et a de l'importance, et non sur ce qui est perdu ou éphémère. De façon plus générale : quelque chose naît de l'imagination ou après de fortes émotions.

Renversée : intérêt pour des sujets plus profonds, loin de la satisfaction matérielle. Quelque chose qui doit « naître » à la suite de thèmes émotionnels, mais qui n'est pas encore prêt.

Dix des Coupes

***En tant que chiffre qui dépasse l'accomplissement** du neuf, le nombre dix peut signifier la forme excessive des caractéristiques d'une série qui se transforment en des caractéristiques plus mesurées. L'oracle chinois I Ging contient l'idée que lorsqu'un élément atteint sa forme la plus extrême, il se transforme même parfois en son contraire.*

Signification : dans tous les systèmes, c'est l'une des lames les plus bénéfiques. Des relations émotionnelles, accomplissement. Elle ne reflète pas la grande richesse, mais les joies simples.

Renversée : la chance d'une personne pourrait être remise en cause ou menacée. Il semble que quelqu'un ne je rende pas compte de ce qu'il possède.

Valet des Coupes

***Nous voyons un jeune valet** fasciné par la coupe qu'il tient. Comme son rôle à la cour n'exige pas de grandes responsabilités, le valet peut observer ce qui échappe à la plupart d'entre nous : les véritables produits de l'imagination.*

Signification : calme, méditation, intérêt pour les sujets spirituels ou fantastiques sans avoir à les concrétiser. Les valets, ou les pages, peuvent être des messagers et le Valet des Coupes apporte des messages de l'inconscient et qui sont même capables d'être clairvoyants. C'est un étudiant des sciences occultes ou de la mythologie. C'est éventuellement aussi la séduction et la beauté.

Renversée : méfiance par rapport à ce qui provient de l'imagination ou de l'inconscient. Séduction sans principes.

Cavalier des Coupes

***Cette lame est intéressante pour les tirages** qui concernent les relations. Les coupes représentent l'aspiration à regarder vers l'intérieur : l'autofascination. La lame reflète un conflit entre l'attirance par l'amour, le servir, et vouloir explorer sa propre fascination.*

Signification : romantique, rêveur, prisonnier de son imagination. Des sentiments profonds bouleversants, la raison agitée par l'inconscient. Il peut s'agir d'un amant dévoué, mais aussi confus dans ses sentiments.

Renversée : une force qui pousse à l'action ou un conflit intérieur qui prend de l'ampleur. Il peut avoir à se faire entendre dans une situation difficile ou faire un choix éthique.

Reine des Coupes

La Reine des Coupes a un pouvoir particulier. *Elle a une activité intense et se dévoue corps et âme au chemin créatif de l'amour. Waite déclare « qu'elle voit, agit et que son activité nourrit ses rêves ».*

Signification : intensité, dévouement, amour. Quelqu'un qui allie ses sentiments à ses activités. La lame peut représenter un artiste créatif ou la créativité en soi. Elle peut également indiquer l'amour, romantique ou de la famille. Guérison et sentiment de protection dans des situations difficiles.

Renversée : l'union de la vision et de l'action peut être rompue, et alors on se perd dans le monde intérieur, ou bien on agit sans vraies émotions.

Roi des Coupes

Le roi doit dominer en société, *traduit dans notre monde moderne : aspirer au succès et à la reconnaissance sans accorder de valeur à l'amour et aux relations. Son trône flotte sur l'eau sans avoir les pieds mouillés. Il peut indiquer des émotions refoulées.*

Signification : pouvoir de l'alchimie à transformer ou à contrôler les énergies émotionnelles. Quelqu'un qui a du succès, mais qui a tendance à cacher ses émotions fortes et ses impulsions créatives.

Renversée : une tradition considère que la lame renversée indique la corruption ou l'abus de pouvoir, car la tête renversée, les émotions s'intensifient. La colère et les larmes dévoilent des sentiments longtemps refoulés. L'énergie peut être figée.

As des Épées

L'épée a un aspect agressif, *une pointe de chagrin ; elle représente également la raison. Avoir un raisonnement audacieux est un don, car il peut nous délivrer d'une culpabilité inutile et d'autres faiblesses. Peut-être que l'aspect le plus profond des épées est le chagrin : la conscience des souffrances de la vie. N'est-ce pas un cadeau d'être capable de reconnaître la vérité de notre être ?*

Signification : pensée claire, vérité spirituelle, droiture dans le raisonnement et l'intention. Peut-être un appel à parler et à agir judicieusement.

Renversée : troubles, difficultés à penser clairement, danger possible d'agressions ou de manipulations.

Deux des Épées

Cette image peut être perçue comme de la méditation *ou la pratique d'un art martial, une sorte d'entraînement à regarder vers l'intérieur au lieu de se laisser distraire par le monde extérieur. Quelle pourrait être la sagesse de la série des épées ? La conscience véritable des principes de notre vie, du sens de la souffrance des êtres vivants…*

Signification : sagesse intellectuelle, dialogue à haut niveau. Se détourner consciemment des liens extérieurs pour éviter de communiquer ou pour éveiller des qualités intérieures comme dans la méditation.

Renversée : rupture de la communication, l'équilibre mental est déstabilisé. Chez Waite : communiquer avec les autres et faire tomber ses murs de protection.

Trois des Épées

***L'épée représente l'élément air.** Comment comprendre les épées et l'air ? L'épée peut symboliser le fait de connaître le véritable sens de la douleur de notre vie. L'élément air peut nous montrer nos propres processus spirituels bien que ceux-ci soient différents pour chacun de nous.*

Signification : chagrin avec l'espoir de dépasser sa douleur par son acceptation. Conflits en groupe, par exemple familiaux ou professionnels. Comprendre les caractéristiques de son propre mental.

Renversée : renier une douleur. S'efforcer de faire revenir l'harmonie dans un groupe. Incompréhension de ses propres pensées.

Quatre des Épées

***Cette lame doit être considérée** comme une pensée structurée et stable qui engendre des résultats concrets dans le monde matériel. Si les épées signifient des conflits, le chiffre quatre peut limiter les problèmes et apporter paix et stabilité.*

Signification : calme, retrait, sérénité. Pensée structurée. Guérison, peut-être faut-il s'occuper de quelqu'un qui souffre. La bonté et la générosité remplacent la colère. Laisser venir à nous nos désirs au lieu de les repousser.

Renversée : éveil issu de la tranquillité. Prise de position ferme en cas de conflit. Incertitude quand il s'agit d'intervenir. La pensée, fondée davantage sur l'intuition que sur la logique.

Cinq des Épées

***Victoire du personnage principal** ou défaite des deux autres ? Si nous considérons le chiffre cinq comme celui du temps, alors il y a parfois des périodes de défaite et d'autres, de victoire. Plus simplement : avec le temps, les pensées peuvent évoluer.*

Signification : défaite, honte et la nécessité de se défaire de ses états d'âme. Mise en garde contre un adversaire plus fort dans un combat. Les vieilles pensées ou les préjugés laissent la place à de nouvelles pensées.

Renversée : commencer à surmonter une perte importante ou une défaite. Confiance retrouvée. Une autre possibilité : des pensées fixes qui refusent d'évoluer.

Six des Épées

***L'image montre un homme** qui mène une barque et deux personnages repliés sur eux-mêmes. Comment reconnaître l'harmonie et les relations qui sont les thèmes du chiffre six dans la série des épées ? Cette lame peut indiquer des personnes d'origines différentes qui partagent les mêmes pensées et intérêts, mais aussi la capacité à créer une synthèse de pensées apparemment contraires.*

Signification : peut-être un vrai voyage. Plus souvent : préoccupation due à un problème ou à un secret. Préférer se taire au lieu d'expliquer les choses ouvertement. Également des pensées communes. Avoir plusieurs convictions différentes à la fois.

Renversée : faire une révélation. Troubler ce qui durait depuis longtemps. Avoir des pensées conflictuelles. Dispute.

Sept des Épées

La lame reflète le sentiment qu'une action impulsive *n'apporte pas vraiment de solution. Pour la plupart, ce personnage est malveillant et content de lui-même. Le sourire goguenard du personnage qui se faufile fait que beaucoup interprètent cette lame comme indiquant une aventure sexuelle.*

Signification : pensées dynamiques et inspirées, percées intellectuelles, peut-être aussi de nature spirituelle. Communication intensive. Alternative : une action intelligente, mais qui ne trouve pas obligatoirement de solution. Peut-être aussi une aventure sexuelle.

Renversée : disponible à consulter les autres et accepte un conseil avant d'agir. Sens plus large : frustration intellectuelle ou être au seuil d'un bond en avant.

Huit des Épées

La femme semble être une victime. *Toutefois, elle pourrait partir par l'espace qui s'ouvre derrière elle et se libérer facilement, car la corde n'enlace pas ses jambes. Ce qui la retient, c'est le bandeau sur ses yeux, le symbole de la confusion et de l'isolement.*

Admettre que rien ne nous retient peut être très libérateur.

Signification : sentiments de détresse, faiblesse, captivité. Il peut s'agir d'illusions : c'est davantage un état d'esprit que des circonstances réelles. Alternative : schémas de pensées obsessionnels. Stabilité cérébrale après une période agitée.

Renversée : refuser un bandeau sur les yeux, voir clairement une situation. Possibilité de se libérer des schémas de pensées obsessionnels. Instabilité cérébrale.

Neuf des Épées

***La lame Neuf des Épées pourrait représenter** la capacité à créer une image mentale de l'existence et de construire ainsi sa compréhension, fondée sur les expériences et les informations acquises dans notre vie. Autrement dit : la lame nous montre que notre vie et ses souffrances ont un sens.*

Signification : chagrin, angoisse qui vous réveillent la nuit. Il peut s'agir de nouvelles bouleversantes ou d'une douleur qui dure depuis longtemps. Il y a de l'espoir à travers son acceptation. Alternative : capacité à donner un sens à la vie. Un événement important ou bouleversant.

Renversée : début d'un repos, sortir d'une période douloureuse. Troubles et reniements.

Dix des Épées

La lame Dix des Épées est morbide, *elle montre un personnage assassiné. Toutefois, normalement une seule épée suffit à tuer quelqu'un. Cette démesure me fait penser à l'hystérie et à l'apitoiement sur soi-même. Pour beaucoup, la lumière en arrière-plan représente l'espoir.*

Signification : nous trouvons les conditions les plus extrêmes : la ruine, le désespoir et l'hystérie. Cependant, les choses peuvent être parfois moins terribles qu'elles paraissent. Victime. Alternative : révélations, capacité à lier les choses ensemble pour obtenir une construction brillante.

Renversée : soulagement des souffrances comme si les épées devaient être vraiment ôtées de notre dos. Waite décrit un « avantage » comme un état « qui ne dure pas », de sorte qu'il faut profiter d'un moment de soulagement pour apporter des modifications.

Valet des Épées

« La Terre de l'air » signifie relier les pensées à la terre.

Le valet de la série des épées est représenté de façon plus légère que les autres personnages de la cour des épées. Il a le regard plus libre, mais reste prudent, rien qu'à la façon dont il tient la lourde épée et regarde par-dessus son épaule.

Signification : précautions, prudence, peut-être un regard anxieux sur le passé. Magie : un apprenti éventuellement, un étudiant en stratégies. Concrétiser les pensées.

Renversée : se détendre et apprendre à faire confiance. Alternative : le contraire, c'est-à-dire devenir plus craintif et plus agressif. De nouveau, les cartes environnantes, l'intuition du conseiller ou la conception du consultant peuvent aider à trouver la bonne interprétation.

Cavalier des Épées

***Le cavalier se trouve dans les hauteurs de l'esprit,** il a la pensée vive et fluide. Si des cavaliers partent pour la grande aventure, celui-ci en reviendra avec de grandes pensées nouvelles et du défi pour la pensée conventionnelle.*

Signification : courage, rapidité, audace. Celui qui lève son épée doit être sûr que son combat est juste. L'intelligence pure, les pensées, les principes. Un esprit rapide, brillant.

Renversée : Le risque de se battre au nom de l'amour pour le combat. Pour toute la série des épées, la lame renversée indique la corruption. Le cavalier peut être agressif, arrogant. Il se comporte sans égard avec ceux dont l'esprit est moins rapide que le sien.

Reine des Épées

La reine n'a pas l'air heureuse. *Elle peut avoir connu un chagrin ou une souffrance dans sa vie. Mais sa tête dépasse les nuages, ce qui symbolise sa pureté. Sa main, qu'elle tend ouverte, est prête à recevoir la vie et l'esprit sans toutefois les retenir.*

Signification : peut-être un chagrin, une difficulté qui rend solitaire, mais sage. Être tenu à la vérité : nous n'apprécions pas toujours ce qu'elle nous révèle, mais nous ne lui mentons pas. Personne distante, mais fidèle à ses amis.

Renversée : corruption. Esprit puissant et forte personnalité qui mènent à la manipulation. Une interprétation plus bénéfique serait de quitter un endroit isolé afin de s'impliquer davantage dans la vie.

Roi des Épées

Cette image symbolise la sagesse. *Mais la lame Roi des Épées est également caractérisée par le fait qu'il règne avec autorité et qu'il doit prendre des décisions. Il est donc la véritable incarnation d'un roi.*

Signification : une personne habitée par l'autorité et qui s'en accommode bien. Waite écrit : « Tout ce qui est issu du concept du jugement… le pouvoir, le commandement, l'autorité. » Une décision sage et pour le bien de tous.

Renversée : un esprit puissant et une personnalité qui servent davantage ses propres intérêts que ceux de la société. La corruption au plus haut niveau. Plus positif : une personne qui se sent mal à l'aise dans une fonction d'État.

As des Deniers

***Les deniers représentent la série du monde matériel** ainsi que l'élément terre. Sur cette image, nous voyons une main sortant d'un nuage dans un jardin luxuriant, un endroit où règne la vie, mais aussi la sécurité. Nous apercevons un arc d'entrée qui est formé à l'image de la couronne autour de la danseuse sur la lame Le Monde. Dans le meilleur des cas, notre vie dans le monde matériel peut ressembler à un refuge, duquel nous développons une conscience de l'existence de plus en plus large, pour rejoindre finalement l'univers de la dernière lame de l'arcane majeur.*

Signification : aisance matérielle, parfois un nouveau travail ou afflux d'argent. Le foyer ou un endroit encore plus privé, un refuge.

Renversée : problèmes d'argent ou de sécurité. Aller vers une nouvelle phase de sa vie.

Deux des Deniers

***Le sujet de « l'équilibre »** sur cette carte est littéralement concrétisé lorsque nous observons le jongleur. Pendant que derrière lui les vagues déferlent joyeusement, il semble danser, ce qui confère à cette lame une touche de légèreté. Beaucoup d'interprètes modernes voient en cette lame la multitâche ou l'absence de priorités.*

Signification : jongler avec plusieurs activités. Travail enjoué. Ou encore, trouver la sagesse dans la vie quotidienne ou dans la nature. Avoir un dialogue ou un monologue sur l'argent.

Renversée : commettre une erreur ou avoir du retard dans son travail pour l'avoir trop surchargé. Aveuglement dans les affaires d'argent.

Trois des Deniers

La lame montre un travail sensé. *Un personnage, apparemment un sculpteur, travaille dans une église et il est conseillé par un moine et un architecte qui tient des plans. Ainsi, un édifice se construit au plus haut niveau grâce au savoir pratique et à la conscience spirituelle.*

Signification : travail à un haut niveau, satisfaction, des personnes qui travaillent bien ensemble. La nature, l'amour pour la vie. Éventuellement une grossesse.

Renversée : travail moyen, insatisfaction, particulièrement en raison de conflits ou par manque d'occasions. Refuser de reconnaître la beauté dans le quotidien. Ou peut-être des difficultés à avoir un enfant.

QUATRE DES DENIERS

***Le personnage sur cette lame est moins cupide** que pingre. À l'image d'un souverain dominateur, le roi sur cette image veut contrôler son entourage, et dans ce cas avec de l'argent et des biens matériels. Cependant, la lame peut se référer à notre style de vie : ordonné, calme et enrichissant.*

Signification : avarice. Se servir de biens matériels pour donner une structure à sa vie ou pour cacher ses émotions. Alternative : générosité, charité, partage. Ces deux Significations opposées ne peuvent pas être conciliées, car elles proviennent de mentalités différentes.

Renversée : manque de structures dans le quotidien. Vulnérabilité émotionnelle. Hésitation à aider les autres.

Cinq des Deniers

Les cinq indiquent une lutte. *Nous voyons des personnes pauvres et blessées marcher dans la neige. Elles passent devant une église qui devrait leur offrir protection, mais il n'y a pas de porte, seulement une fenêtre.*

Signification : soucis matériels, financiers ou de santé. Des personnes s'entraident, particulièrement si la société les abandonnent. Alternative : changement positif ou négatif des conditions matérielles. Ou trouver plus de sens et de Signification dans la lutte quotidienne pour la vie.

Renversée : soulagement ou souffrance. Il peut y avoir des tensions dans une relation trop basée sur la douleur partagée. Trop de fixations sur les petits détails du quotidien.

Six des Deniers

***La lame semble montrer l'accomplissement** parfait de la vertu cardinale de la charité. Il est toutefois remarquable de constater la vigilance avec laquelle l'homme laisse tomber les quelques pièces et l'exactitude avec laquelle il tient la balance équilibrée. Peut-être accorde-t-il plus d'attention à la vigilance qu'à la charité.*

Signification : partenariat dans le travail et dans d'autres domaines pratiques. Bonne santé. Charité sans dépasser ses propres moyens. Justice. Spiritualité au quotidien.

Renversée : manque d'harmonie. Agissement par intérêt réciproque. Ne pas aider ceux qui sont vraiment dans le besoin. Pouvoir s'aider soi-même au lieu de quémander.

Sept des Deniers

***Le personnage qui s'appuie sur sa pioche** a-t-il l'air satisfait ou insatisfait ? Pense-t-il « Parfait, tout pousse bien, je vais pouvoir me reposer un peu » ou « Mon Dieu, j'ai encore beaucoup à faire ! » Dans ces deux cas, il s'agit du thème suivant : reconsidérer ses actions. Si le personnage est satisfait, alors l'affaire va bien, mais elle n'est pas complètement terminée.*

Signification : être satisfait de son travail. Bon départ pour un nouveau projet important. Des réflexions sur le travail ou la nécessité d'y réfléchir.

Renversée : des difficultés à commencer un projet ou à le terminer. Insatisfaction, particulièrement sur le plan matériel.

Huit des Deniers

En tant qu'image des cycles répétitifs, *le chiffre huit pourrait indiquer un travail qui se répète. Cependant, celui-ci n'est pas nécessairement ennuyeux ou frustrant. La stabilité dans les actions et les événements représentent un bien précieux. Pour moi, cette image comprend beaucoup de qualités : la répétition, mais aussi la satisfaction, car cet homme semble heureux. Il a l'air d'un apprenti qui développe son art en fabriquant des deniers l'un après l'autre.*

Signification : stabilité, satisfaction. Le travail est effectué de façon régulière. Cycles.

Renversée : éventuellement de la frustration. Le sentiment qu'il est temps d'accéder à une nouvelle étape.

Neuf des Deniers

Pour moi, la série de la terre *représente beaucoup plus que les gains matériels ou les pertes. Le faucon est masqué, sous contrôle. Je vois sur cette image la discipline, le contrôle de soi et l'entraînement qui nous permettent de développer tout notre potentiel. Il y a une ombre sur le visage gauche de la femme, elle s'est détournée du soleil, et donc, de la spontanéité (naïve) et même des relations.*

Signification : autodiscipline, conquête. La possibilité de pouvoir bien vivre. Peut-être la fin d'un projet.

Renversée : manque de discipline, d'estime de soi, mais aussi davantage de spontanéité que d'objectifs lointains.

Dix des Deniers

Sur l'image, les positions des dix deniers *forment l'arbre de vie. C'est la seule lame de tarot où nous pouvons voir l'arbre en entier. Mais il est frappant de constater que les personnages n'interagissent pas avec l'arbre. Ils sont liés, mais aucun n'en regarde un autre. Tout ce qui est magnifique et magique est à l'extérieur comme le vieil homme mystérieux.*

Signification : aisance matérielle, confort et en être heureux. Reconnaître la beauté de la vie. Chez Waite : le choix de la sécurité plutôt que celui des risques.

Renversée : sacrifier sa sécurité pour des aventures et des expériences nouvelles. Un potentiel qui n'est pas complètement utilisé.

Valet des Deniers

Le valet observe le denier, le cœur léger. *Il a l'air fasciné, émerveillé. Si les valets sont des messagers, quel est alors son message ? Peut-être nous raconte-t-il ce qu'il voit de magnifique dans ce denier qu'il tient si gracieusement.*

Signification : un étudiant ou un apprenti en magie ou autre domaine. Fascination pour quelque chose sans besoin d'agir. Alternative : être relié à la terre, faire une chose réelle et solide. Mais aussi budget familial, management, ce qui correspond à l'aspect universel de cet élément.

Renversée : en général le luxe, les excès et le gaspillage. Succomber aux tentations terrestres et sensuelles. Un étudiant a des problèmes dans ses études. Alternative : se détendre après des études intensives ou beaucoup de travail.

Cavalier des Deniers

Le trait principal de cette lame est la sédentarité. *Les déplacements du cavalier sont ramenés à une réalité plus terre à terre. Il représente pour beaucoup un travailleur passionné sans ambitions et sans goût du risque, mais qui consacre toute son attention à sa besogne.*

Signification : travailler d'arrache-pied, se passionner pour une tâche sans aspirer à une récompense ou à la gloire. Être prudent, ne pas rechercher des risques. Intérêt pour ce qu'il considère comme solide. Concerne plus le corps que l'esprit.

Renversée : les aspects problématiques de la lame peuvent être exagérés par son renversement ou prendre une toute autre direction : l'apathie ou se laisser exploiter. Ou : prendre plus de risques, trouver de nouveaux intérêts.

Reine des Deniers

***La reine des deniers reflète l'amour profond** pour la nature. Elle apporte de l'amour passionnel dans le monde vivant. Waite écrit « qu'elle est l'expression sérieuse de l'intelligence. Elle regarde son denier et en lui voit peut-être l'univers. »*

Signification : amour de la nature, lien intensif avec le monde matériel. Bonheur, sécurité matérielle et même aisance. Une personne qui aime la vie et qui préfère la nature à la ville, ou une tendance à se retirer comme un ermite parce que l'on peut se passer des autres.

Renversée : le lien essentiel à la nature peut être menacé ou rompu. Alors, la reine est facilement irritable et devient même agressive. Une personne peut souffrir d'une pression trop forte. Exagération du côté « ermite ».

Roi des Deniers

Ce roi a réussi à apporter l'élément feu sur Terre. *Il a du succès et de l'assurance. Il ne semble pas se sentir mal à l'aise sur son trône, au contraire, il se détend et tient soigneusement son denier en or.*

Signification : prospérité, succès, réconfort. Se concentrer sur les choses matérielles avec fierté plutôt qu'avec égoïsme. Grande générosité. Une lame bénéfique pour tout tirage qui concerne la recherche d'un travail ou le soutien matériel.

Renversée : soucis d'argent, insécurité physique. Insatisfaction. La pression des autres personnes met la générosité à l'épreuve. Les affaires matérielles deviennent des pensées abstraites ou spirituelles.

Talent pour la Fatalité

Oracle aujourd'hui

Note de l'éditeur

Avant de prendre une décision, le dalaï-lama consulte ses oracles. Beaucoup de personnes à travers le monde le font également. Les oracles aujourd'hui inspirent et orientent. Ils sont distrayants aussi bien que sérieux. Cependant, vous avez besoin de travailler avec un jeu d'oracle qui vous est adapté et qui vous correspond. Vous devez avoir l'envie d'interpréter vous-même et de délaisser les interprétations superstitieuses.

Positiver avec la fatalité

Une histoire connue nous parle d'un fermier vivant à la campagne dans un pauvre village. Il était bien vu, car il possédait un cheval avec lequel il labourait les champs et transportait ses charges. Mais un jour son cheval s'enfuit. Tous ses voisins eurent pitié de lui et le plaignirent. Mais le fermier dit seulement : « Que ce soit bon ou mauvais, nous verrons plus tard... »

Quelques jours plus tard, le cheval revint accompagné de deux chevaux sauvages. À ce moment, ses voisins envièrent une telle bonne fortune. Et alors le fermier dit seulement : « Que ce soit bon ou mauvais... »

Le jour suivant, le fils unique du fermier essaya de monter l'un des chevaux sauvages. Le cheval le désarçonna et il eut la jambe brisée. Les voisins se lamentèrent de cet accident et de nouveau le fermier dit : « Que ce soit bon ou mauvais... je ne sais encore... »

La semaine suivante, des officiers de l'armée vinrent au village pour recruter tous les jeunes hommes. Ils ne voulurent pas du fils du fermier à cause de sa jambe brisée. Lorsque les voisins vinrent lui dire combien il était chanceux, le fermier de nouveau répondit : « Que ce soit bon ou mauvais, nous verrons plus tard... »

Cette petite histoire nous encourage à ne pas émettre de jugement prématuré. Il est préférable d'accepter la fatalité au fur et à mesure que d'être fixé sur une fin dont le résultat n'est pas certain.

« Le bonheur », écrivit le poète allemand Novalis est « le talent pour la fatalité ». On peut pratiquer et développer ce talent. Un tel « entraînement pour le bonheur et la chance » est offert par les oracles, et c'est pourquoi la renaissance moderne des oracles est si importante.

Les oracles sont comme un miroir

Que ce soient les cartes, les runes ou le pendule, les oracles fonctionnent aussi à la manière d'un miroir, ce qui signifie que vous ne pouvez pas contempler une autre image dans le miroir (vous pouvez regarder dans le miroir en compagnie d'autres, mais jamais pour eux).

La voyance traditionnelle ne correspond plus vraiment à notre monde moderne. Plus les gens vivent de façon traditionnelle et conventionnelle, plus il est facile de prévoir ce qu'ils vont faire. Mais, plus les gens changent et évoluent, plus ils ont besoin d'accompagnement, de signes directifs et d'être rassurés. C'est ce que les oracles modernes font.

Pour résumer : quand nous visitons une ville étrangère, nous avons besoin d'un plan de la ville ou d'un guide de voyage. Quand cependant nous entrons dans une nouvelle région de notre âme (ou par exemple nous voulons savoir si ce voyage est intéressant pour nous personnellement), les oracles sont des signaux qui assistent le cœur et la raison afin de trouver leurs voies.

Cela n'a rien à voir avec la voyance telle qu'elle est généralement comprise, mais en réalité elle est un chemin pour nous rapprocher de notre propre vérité.

Comment vérifier que votre interprétation est correcte

Comment mesurez-vous le succès en tirant les cartes ? Le moyen le plus sûr pour savoir si vous avez du succès en consultant l'oracle est de vérifier que vous clarifiez bien vos vœux et vos craintes personnels : où suis-je et où est-ce que je veux aller ? Aussi longtemps que nous progressons sur ce « chemin des vœux », notre activité avec l'oracle en question est toujours bénéfique pour nous.

Au contraire, vous pouvez collectionner autant que vous voulez des connaissances sur les symboles et leurs significations, si cela ne vous aide pas avec vos vœux et vos craintes, votre contact avec les oracles sera complètement sans valeur pour vous-même.

Nous pouvons et devons reconsidérer continuellement nos vœux et nos craintes, nos idéaux et nos aversions pour les mettre en ordre :

- accomplir des vœux réalistes et en faire notre ligne de conduite;
- discerner des vœux irréalistes et les abandonner;
- prendre au sérieux les craintes légitimes et prendre des dispositions;
- reconnaître les craintes non fondées et les abandonner.

Les oracles nous aident à discerner et à différencier. Ils suggèrent des alternatives et vous, vous les essayez. De cette façon, de nouveaux chemins vers le bonheur s'ouvrent dans votre vie. Cependant, ces nouveaux chemins, vous devez les parcourir vous-même. C'est quelque chose que même le meilleur conseiller ne peut faire pour vous.

Engagement pour l'assurance qualité en conseil et assistance

La compréhension moderne de l'oracle est bien exprimée dans le code de l'honneur du Erste Deutsche Tarotverband (Tarot e.V., l'association allemande du Tarot). Ce code d'honneur est ici reformulé du tarot pour la cartomancie en général, mais s'applique aussi à toutes les autres formes d'oracle. Les éditions Königsfurt-Urania approuvent cet engagement :

« L'héritage de la cartomancie avec des cartes de divination avec symboles est un instrument multiface de la connaissance. Je suis conscient que, outre ma propre interprétation, les cartes vont contenir d'autres significations et aspects dans leur symbole.

Je sais que les images sur les cartes représentent un langage de symboles avec une grande variété de significations dans lesquelles chaque carte peut être utilisée dans une direction positive ou négative. C'est pourquoi je refuse une interprétation définitive et je ne considère jamais une carte comme uniquement bonne ou mauvaise. Je refuse également des interprétations qui pourraient être comprises comme indiquant un destin inéluctable. Je préfère plutôt montrer à chaque personne demandant un conseil où il, ou elle, peut évoluer et améliorer sa propre responsabilité d'action. (...) » (www.taroverband.de)

Johannes Fiebig

ROI des EPEES

IV

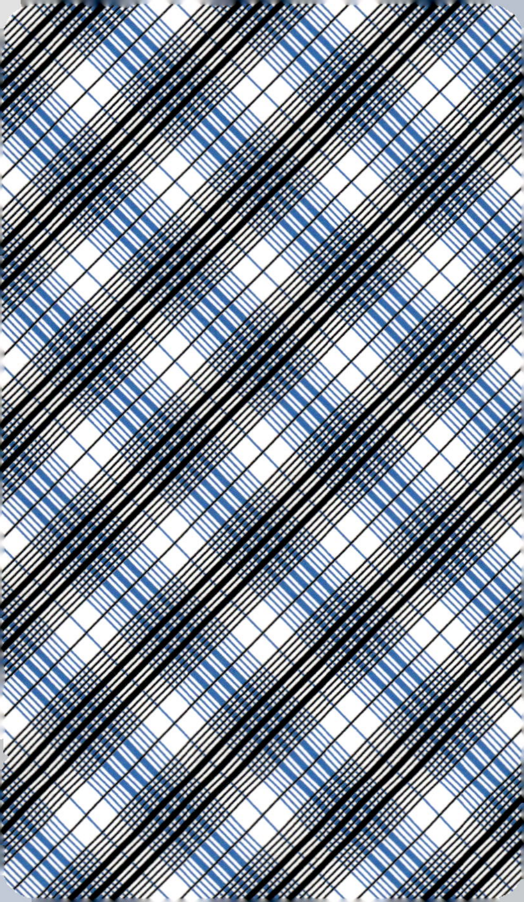

VI

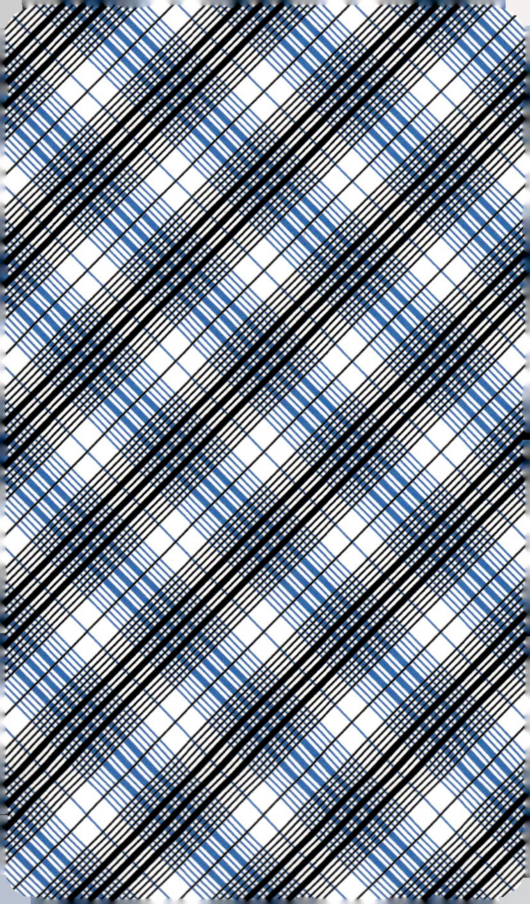

VII

VIII

IX

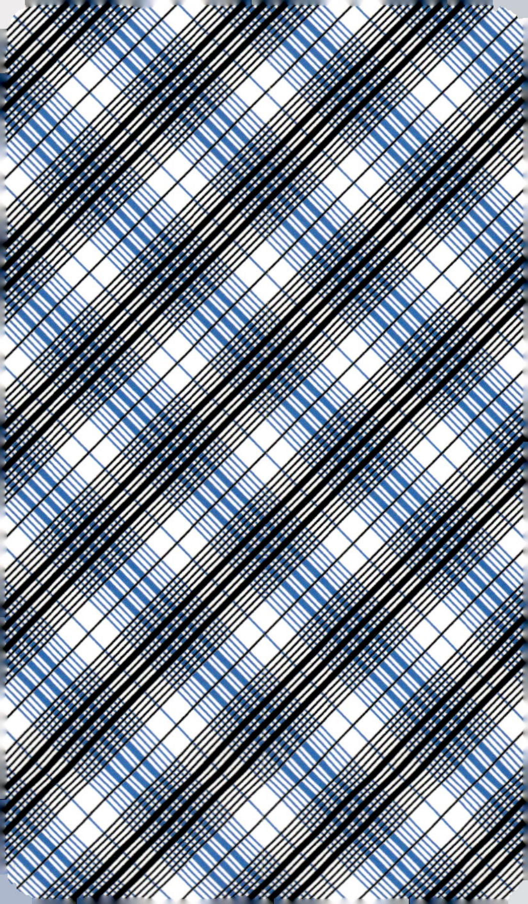

X

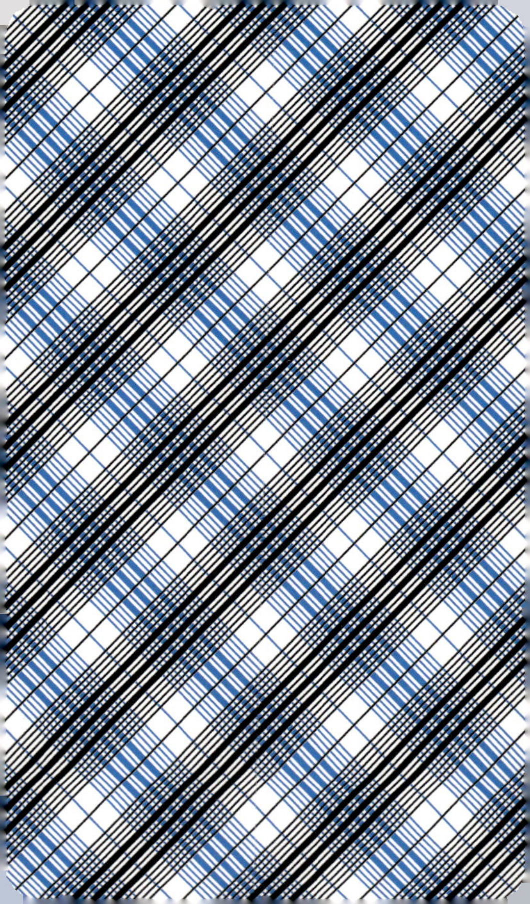

VALET des DENIERS
© 1971 U.S.Games

CAVALIER des DENIERS

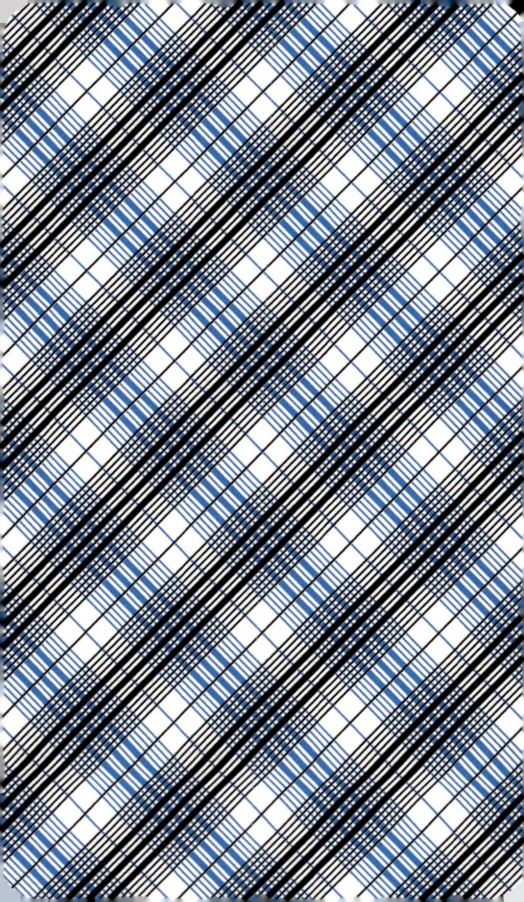

REINE des DENIERS

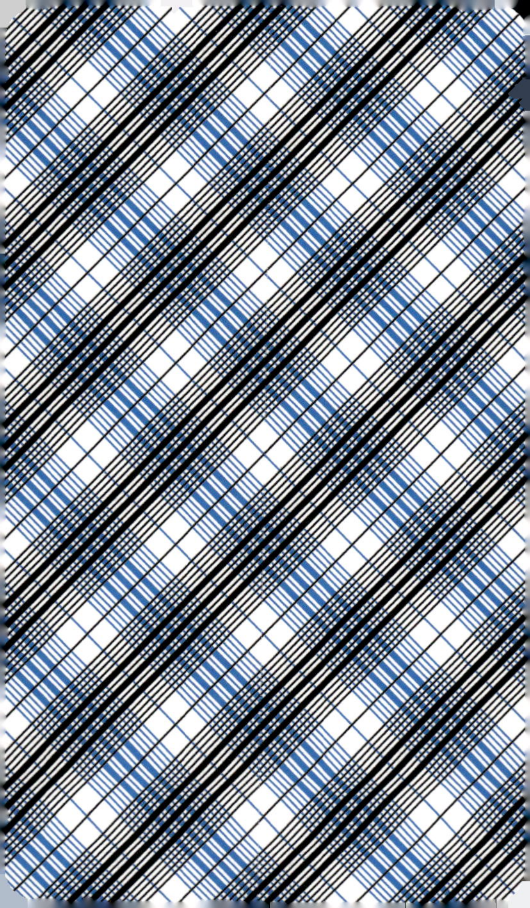

ROI des DENIERS

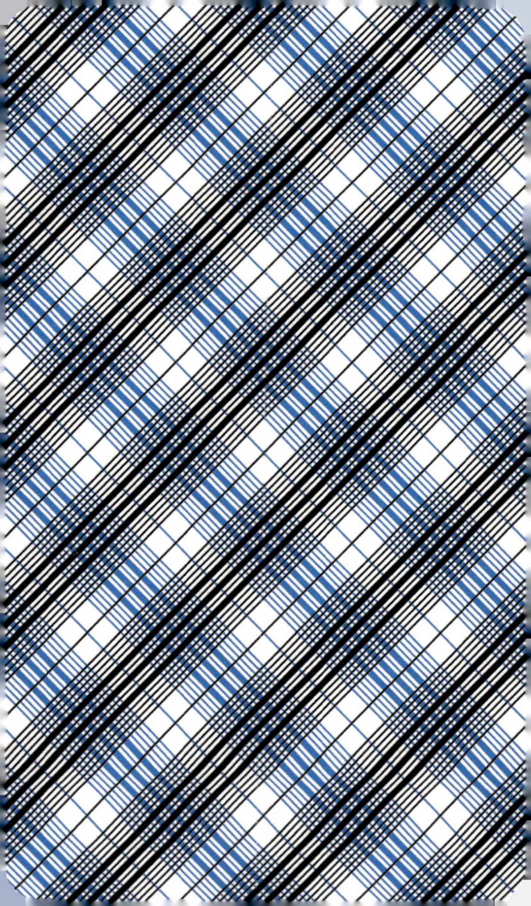

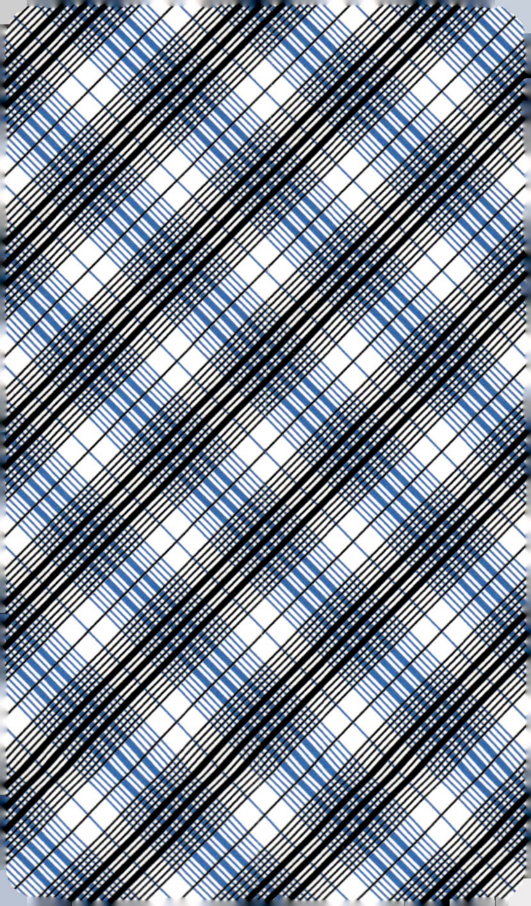

Garantie

Ce jeu de Tarot a été fabriqué dans notre usine avec le plus grand soin. Si, contre toute attente, celui-ci présentait un défaut, veuillez nous retourner le jeu des Arcanes majeurs accompagné de la carte endommagée. Tous jeu utilisé de manière non abusive sera remplacé gratuitement.
Toute autre réclamation ne pourra être prise en considération.

AGM
AGMÜLLER

Bahnhofstrasse 21
CH-8212 Neuhausen
Suisse

IV
L'EMPEREUR

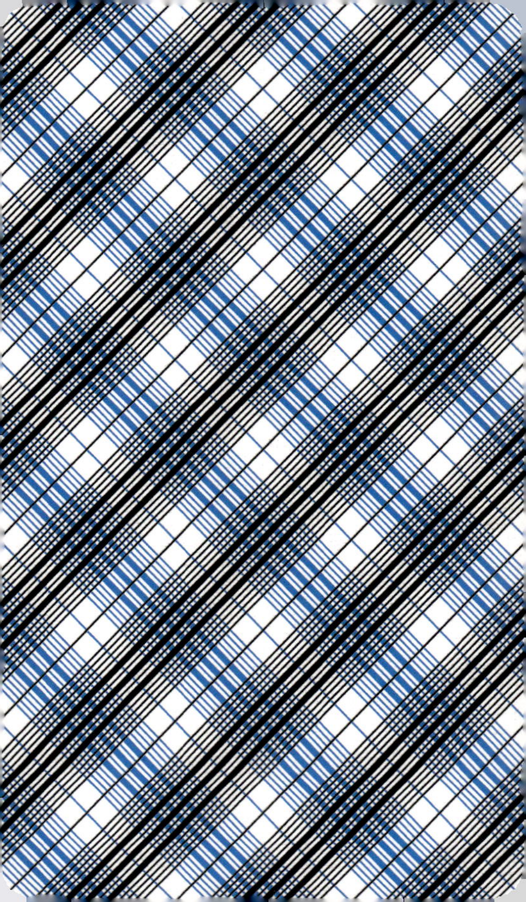

V
Le PAPE

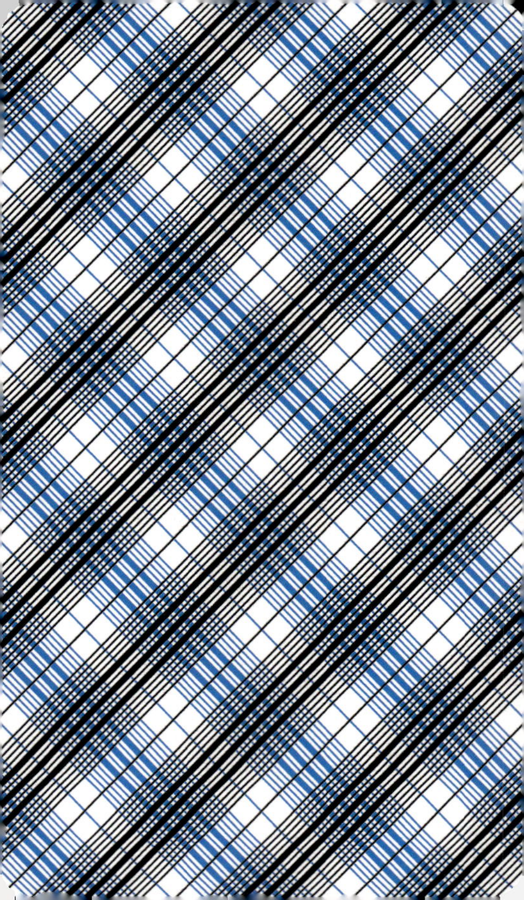

VI
L'AMOUREUX

VII
Le CHARIOT

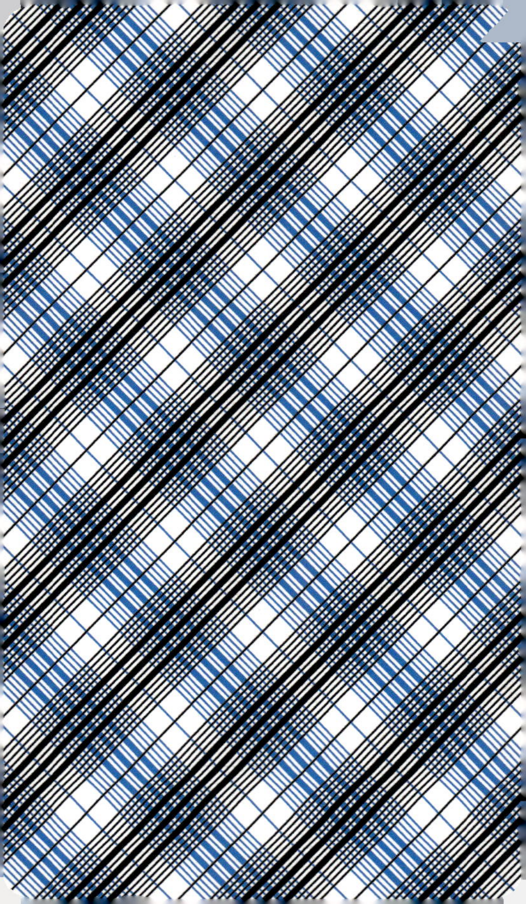

VIII
La FORCE

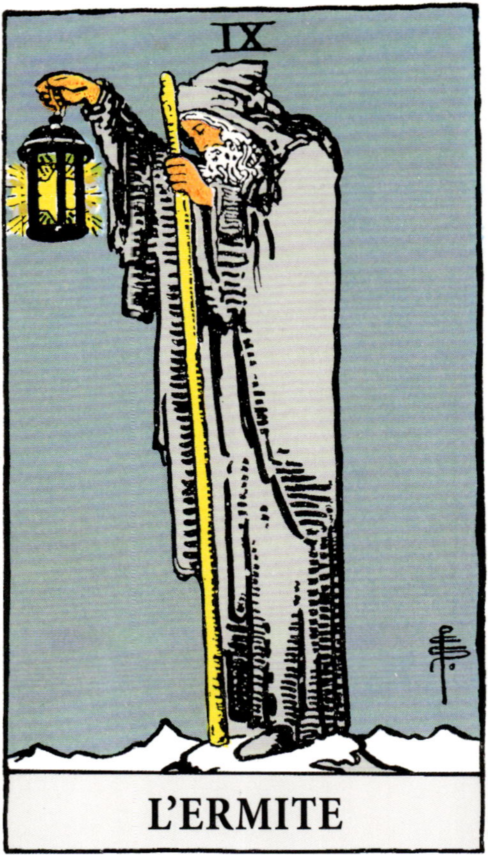
IX
L'ERMITE

La ROUE de FORTUNE

XI
La JUSTICE

XII
Le PENDU

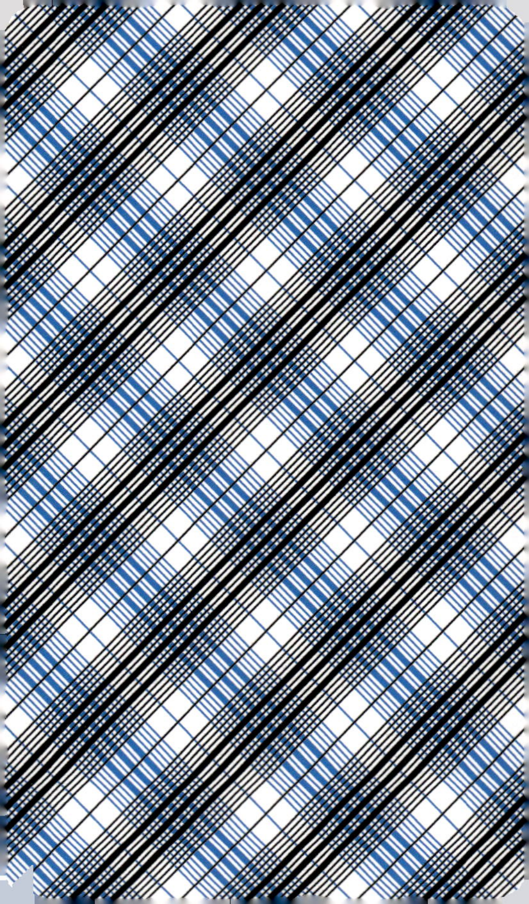

XIII
La MORT

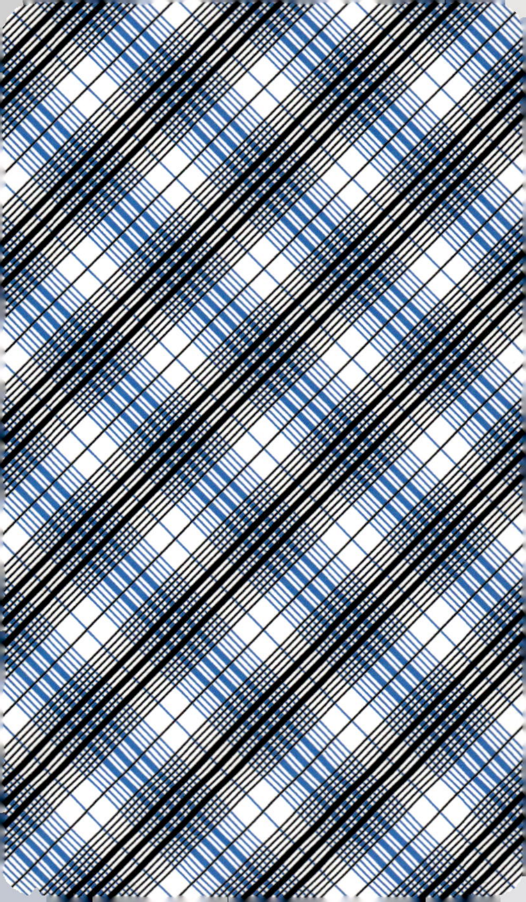

XIV
La TEMPERANCE

Le DIABLE

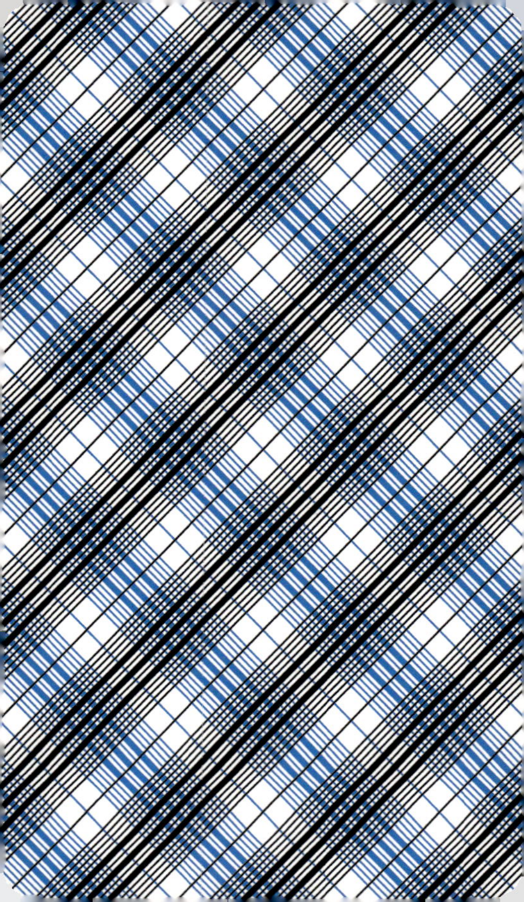

XVI
La MAISON de DIEU

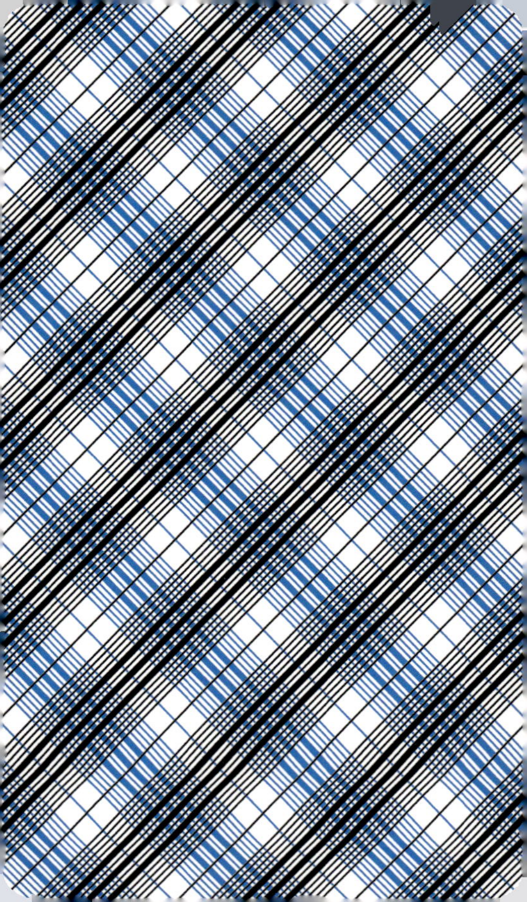

XVII
L'ETOILE

XVIII
La LUNE

XIX
Le SOLEIL

XX
Le JUGEMENT

XXI
Le MONDE

0
Le MAT

AS des BATONS

II

III

IV

V

VI

VII

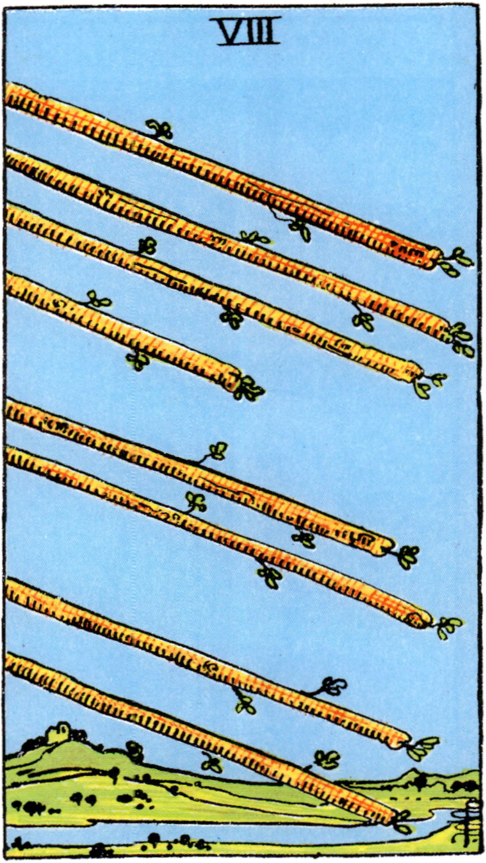
VIII

IX

X

VALET des BATONS

CAVALIER des BATONS

REINE des BATONS

ROI des BATONS

REINE des COUPES

ROI des COUPES

AS des EPEES

II

III

IV

V

VI

VII

VIII
© 1971 U.S. Games

© 1971 U.S. Games
IX

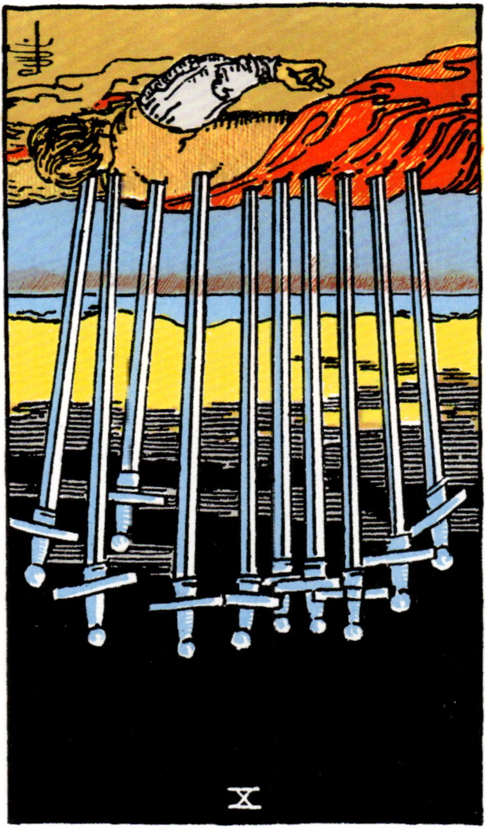
X

VALET des EPEES

CAVALIER des EPEES

REINE des EPEES

© 1971 U.S.Games
X

VALET des COUPES

CAVALIER des COUPES

Le BATELEUR

III

AS des DENIERS

II

II
B
J
TORA
La PAPESSE

III
L'IMPERATRICE

IX

IV

V

VI

VII

VIII

III

AS des COUPES

II